나를 자라게 하는

인생
책19

어른이라는 타이틀이 버거운 이들에게 도움이 될 인생 책

인생의 성공과 실패는 그 사람이 얼마나 성장했느냐에 따라 결정된다. 나이만 먹는다고 저절로 어른이 되는 것은 아니다. 내면의 의식과 사고가 성장하지 않은 채 나이만 먹은 사람은 성인으로서 제 앞가림을 못 하며 살아간다.

만약 내면이 성장하지 못한 채 나이만 먹은 성인이라면 인생을 제대로 살아내기 힘들다. 그뿐만 아니라 행복하고 성공적인 삶을 살 수 없다. 이것은 학벌이나 스펙과 무관하다. 학벌이나 스펙이 좋은 사람 중에서도 실패하고 불행한 사람이 많고, 초등학교밖에 졸업하지 못한 사람 중에서도 성공한 사람, 행복한 사람, 위대한 도전을 해내는 사람이 있다.

주변을 둘러보면 한 사람이 어떤 인생을 살아내느냐는 오롯이 그 사람이 어떤 책을 읽으며, 얼마나 성장했느냐가 결정짓는다.

이런 사실을 강력하게 주장할 이유가 내게는 있다.

나 자신이 바로 이런 극과 극의 삶을 실제로 경험했기 때문이다. 나는 40대가 되기 전에는 책을 많이 읽지 않았다. 그저 평범한 직장인으로의 삶이 전부였다.

나는 나 자신을 위한 멋진 도전 한번 해보지 못했다. 어떻게 도전하며, 어떻게 살아내야 하는지도 알지 못했다. 그래서 남들과 똑같이 군대에 가면 따라갔고, 취업하면 따라 했고, 출근도 따라 했다.

어제보다 오늘이, 오늘보다 내일이, 더 눈부시게 성장하고 행복한 삶, 더 성공적인 삶, 더 의미 있는 삶, 더 어른다운 삶의 가능성을 생각하지 못했다. 책을 읽고 이룬 성장이 짧았기 때문이다. 하지만 40대가 되고 나서, 늦었지만 평균 한국인의 독서량과 독서 수준을 훌쩍 뛰어넘는 독서를 통해 일대 변혁이 내 삶에 일어났다. 운이 좋았다. 신이 도운 것이다. 이 모든 것은 은혜라고 할 수 있다.

40이 넘은 남자가 온종일 도서관에서 책만 읽는다는 것은 정말 행복한 일이면서 동시에 힘든 일이었다. 사람에 따라 누구에게는 힘들고 고된 일이지만, 나에게는 선물과 같았다. 믿지 않겠지만, 강남에 1,000억짜리 건물을 준다고 해도 도서관에서 온종일 책 보는 일을 양보할 수 없을 정도가 되었다.

그렇게 3년 정도 오롯이 독서에만 전업처럼 임했고, 그 1,000일의 도서관 생활은 내 인생을 바꾸어 놓았다. 다독의 위력은 어마어마했다. 3

년 전과 후가 너무나 크게 달라졌기 때문이다. 나의 의식과 사고, 즉 나의 내면이 성장했고, 그 덕분에 어른이 되었고, 어른이 되자 내 인생은 달라졌다.

과거에는 상상도 할 수 없었던 것들을 하고, 성취하기 시작했고, 인생이 완전하게 달라졌다. 어떤 위인의 말처럼, '우리의 인생은 우리가 읽은 책으로 이루어진다'는 말은 진실이었다. 실제로 체험한 사람의 말이니 믿어도 된다.

나는 나의 경험에 입각해 생각했다. '어른'이라는 타이틀이 버겁고 힘든 것은 누구나 마찬가지다. 하지만 진짜 어른으로 살 것인지, 무늬만 어른으로 살 것인지는 스스로 선택할 수 있고, 해야 한다. 인생을 어떻게 살아가야 하는지 의문이 드는 어른이 있다면 이 책이 큰 도움이 될 것이다.

큰 인생을 살기 위해서는 먼저 그 인생을 살아낼 주체인 자신을 다른 존재로 성장시켜야 한다. 어쩌다 어른이 된 거라면, 더더욱 이런 과정이 필요하다. 우리는 언젠가 어른이 되기 때문이고, 그러면 어른의 삶을 살아야 하기 때문이다.

자신의 성장은 등한시하고, 그저 큰 인생, 성공한 인생을 살고자 하는 사람은 매우 위태로운 인생을 살게 된다. 세상은 정확하고 공짜는 없다. 특히 무조건 열심히 일이나 공부를 하려고 하는 사람, 스펙이나 학벌에만 의지하려는 사람, 지금 다니는 회사나 학교가 자신의 인생을 책임져 줄 것이라는 위험천만한 생각을 하는 사람에게는 이 책이 꼭 필요하다. 지금 곁에 있는 멘토나 선배, 친구들은 당신의 인생을 책임져 주지 않는다. 당신의 인생을 책임져야 하는 유일한 사람은 바로 당신 자신이다. 명심해야 한다.

진짜 어른의 삶을 살아내기 위해 꼭 필요한 것은 내적 성장이다. 그 것을 이루는 방법은 한 가지, 양서를 접함으로써 가능하다.

좋은 책을 읽는다는 것은 인생을 살면서 좋은 길을 발견함과 같다. 좋은 책을 읽는다는 것은 스스로 진짜 어른의 삶을 살아갈 힘을 기른다는 것을 의미한다. 이 책에서 나는 그 일을 도울, 어른의 삶을 사는데 진짜 도움이 되는 19권의 책을 소개하고자 한다.

독서는 성장이며 힘의 축적이며, 좋은 삶의 발견이며, 동시에 자신의 편견, 나약함, 어리석음을 비우는 과정이어야 한다. 독서를 잘할수록 우리는 지혜로워지고, 강해지고, 무지에서 벗어난다.

어른이라는 타이틀이 힘든 이들에게 이 책은 큰 도움이 될 것이다. 행운을 빈다.

_ 대한민국 넘버원 책 쓰기 독서법 학교 김병완 칼리지 교장 **김병완**

◑ 차 례 ◑

제5장　어른의 지혜는 무엇인가?

제6장　어른의 삶의 기술은 무엇인가?

EPILOGUE

제1장

어른의 삶이란
무엇인가?

book 1

【훌륭한 인생에 관한 여섯 개의 신화】

- 조엘 J. 쿠퍼먼

"대부분의 사람은 훌륭한 인생, 즉 보상받았다고 느껴지는 인생이란
극도로 안락하고 즐거운 것이라고 막연히 생각한다.
하지만 그런 인생을 선사받아야 마땅하다고 생각되는 이들, 타인을
위해 좋은 일을 하고 중요한 목적을 성취한 이들일지라도 모두 그렇
게 살지는 못한다."

조엘 J. 쿠퍼먼, [훌륭한 인생에 관한 여섯 개의 신화], 10쪽

◆

    안락과 쾌락이라는 측면에서 낮은 점수를 얻은 이들은 정말 불운한 사람들일까? 반대로 안락과 쾌락을 많이 누린 인생이 최고의 인생일까? 이 책은 인생과 관련된 잘못된 신화에 대한 큰 깨달음을 준다. 이 책의 가장 큰 매력이다.

    '훌륭한 인생이란 무엇일까?', '훌륭한 인생은 행복한 인생일까?', '결점이 없는 것이 진정한 미덕일까?', '이성보다 정말 감정이 더 낮은 특성일까?', '훌륭한 인생이란 균형을 잘 잡은, 훌륭한 평형 상태에 도달하는 것을 말하는 것일까?'

    이 책은 위와 같은 질문들이 갖는 인생의 잘못된 오해와 편견, 고정관념에서 우리가 벗어나게 도와주는 책이다. 한마디로 이 책은 쉽게 읽을 수 있는 책은 아니며, 약간은 철학적인 사고가 필요한 책이다.

    "끊임없이 무한한 쾌락을 느끼는 조개의 삶과 힘든 여러분의 삶을 선뜻 바꿀 수 있는가?"

"쾌락을 추구하고 편안하게 살다 가는 것을 정말 최고의 인생이라고 할 수 있을까?"

이 책에 나오는 물음이다. 첫 번째 신화의 주제는 바로 이 쾌락이다.

책은 쾌락이란 일반적으로 '좋은 것'이라는 철학적 관점을 반박하며 사실 쾌락은 대수롭지 않은 것이며, 그렇게 가치 있지 않을 수도 있다고 말한다.

현명한 해답을 찾기 위해 저자는 먼저 쾌락이라는 주제를 파고들었다. 쾌락에도 여러 종류가 있음을 이야기하는데, TV 시청과 같은 수동적 쾌락과 몰입과 같은 능동적 쾌락이 대표적이다.

수동적 쾌락이 장기간 누적되면 가벼운 우울증이 생긴다. TV를 오랫동안 보거나, 컴퓨터로 미드를 연속해서 오랫동안 보고 나면, 아무 이유도 없이 우울해지는 증상이 생긴다는 것이다.

반면, 칙센트 미하이가 말하는 숙련된 활동을 통한 쾌락은 대단히 양질인 매우 좋은 쾌락이라고 저자는 말한다. 결론은 쾌락의 가치는 그 유형에 따라서 각각 다르다는 것이다. 그리고 쾌락에서 고통을 뺀 값이 크면 클수록 훌륭한 인생이라는 신화를 경계하라고도 말한다.

왜냐하면, 쾌락의 극대화를 추구하는 전략은 성공적이지 못한 전략이기 때문이고, 설사 성공한다 해도 그것이 '가치 있는 삶'의 동의어가 될 수 없기 때문이다. 많은 사람이 본능적으로 쾌락과 안락함을 원하지만, 일단 그것들을 손에 넣고 나면 기대했던 바와는 사뭇 다르다는 것을 깨닫는다.

이 책의 저자는 우리에게 전한다. 더 많은 쾌락과 안락 속에 사는 것이 꼭 바람직한 삶인 것은 아닐 수 있다는 메시지를 말이다.

두 번째로 이 책의 저자가 우리를 이끌고 가는 사고의 언덕은 행복의 언덕이다. 많은 사람이 보편적으로 생각하는 최고의 덕목은 '행복'이다. 즉, 가장 바람직한 삶은 가장 행복한 삶이라고 많은 이들이 생각한다. 하지만 이것이 과연 진리일까?

이 질문에 답하기 위해 저자는 행복에 먼저 그럴듯한 정의를 내린다.

행복은 일정 기간 우리를 기분 좋게 만들어 주고, 인생의 질을 가장 높여 주는 것이다. 그래서 많은 철학자와 사람은 훌륭한 인생을 위해 꼭 필요한 요소로 행복을 들곤 했다.

이것이 틀렸다고는 말하지 않는다. 다만 행복을 추구하는 방법과 그 기대심리에 관해서 책의 저자는 꼬집는다. 단일한 요인이 모든 것을 좌지우지한다고 생각하지 말라고 말이다. 행복이란 멋진 것이고, 행복해지려는 마음도 당연하다. 하지만 한두 가지 개별적인 항목이나 사건들에 인생의 행복을 걸지 말라는 것이다. 예를 들어, 갖고 싶은 물건이나 하고 싶은 행동 등의 단일적인 바람이 행복에 결정적인 영향을 미친다고 생각해서는 안 된다.

'저것만 되면 정말 좋을 텐데!'
'100억만 있으면 정말 좋을 텐데!'
'저 남자와 결혼할 수만 있다면 정말 행복할 텐데!'
'저 일만 해결되면, 합격만 되면, 성공만 하면 정말 좋을 텐데!'

이런 식으로 생각하면 후에 큰 실망감을 느끼므로 주의하라고 말한다. 목표가 달성된 제한된 기간에만 행복감이 이어지고, 곧 사라질 것이기 때문이다. 그때는 우울증과 실망감으로 더 큰 불행을 느끼게 될 수 있다.

그래서 장기적으로 지속되는 행복한 인생을 살기 위해서는 스스로 가치 있고 보람 있는 삶이라고 느끼기에 손색없는 인생을 살아가기 위한 노력이 필요하다. 결국, 훌륭한 인생은 행복한 인생이 아니라 좋은 인생이라고 느낄 만한 충분한 인생을 살아가기 위해 노력하는 인생이라는 것이다.

세 번째로 저자가 이끄는 삶에 대한 신화는 현재와 미래에 대한 관점이다. 이 관점을 설명하기 위해 책의 저자는 '훌륭한 평형 상태'라는 단어를 사용했다. 즉, 훌륭한 평형 상태에 도달하는 것이 훌륭한 인생이라는 신화에 관해 이야기한다.

훌륭한 평형 상태는 간단히 얘기해 인생이 있어야 할 본모습대로 있다고 생각하는 순간, 즉 끝없이 지금 이 상태가 계속될 것을 바랄만큼 더는 원하는 것이 없는 상태를 말한다.

스트레스와 근심, 불확실성을 일으키는 모든 것이 사라지는 지점이 바로 훌륭한 평형 상태다. 하지만 이런 평형 상태를 추구하는 것, 혹은 어떤 도달 지점으로 간주하는 것은 그 너머를 생각하는 장기적 사고의 부재를 초래할 수 있다.

은퇴 이후의 삶이 매력적인 것처럼 보이지만, 그때의 공허함과 우울함은 어떻게 할 것인가? 뭔가를 성취했고, 이미 이루었다는 생각으로 자기 절제 습관이 무너질 수도 있다. 삶에서 자기 절제가 가장 중요한 순간, 아이러니하게도 우리는 자기 절제를 잃게 되는 것이다.

많은 사람이 더 큰 성장을 못 하고 훌륭한 인생을 살지 못하는 가장 큰 이유 중 하나도 바로 이것이다.

통합적이고 장기적으로 인생을 내다보고 계획하지 않으면, 우리가 그토록 애지중지했던 목표가 삶의 질에 큰 영향을 끼치지 못할 수 있다. 평형 상태, 즉 완벽한 상태만을 추구하다 보면 인생 그 자체를 즐기지 못하고 누리지 못한다.

좁고 편협한 미래의 목표에만 주의를 집중하면, 삶의 질에 정말 중요한 요소들을 소홀히 흘려보낼 수밖에 없다. 평형 지점에 도달하는 일에 주의를 집중하다 보면, 인생을 신중하고도 통합적인 것으로 만들어줄 장기적인 사고를 못 하게 될 수 있다.

인생에서 정말 중요한 것은 인생 그 자체를 즐기는 일이고, 목표를 하나씩 달성해 나가면서 과정을 살아가는 것이다. 완벽한 평형 상태가 인생의 목표 자체가 되어서는 안 된다.

네 번째 신화는 감정보다 이성이 항상 우월해야 한다는 것이다. 많은 철학자들도, 교육학자들도 감정보다는 이성적으로 타당하게 선택하고 판단하라고 흔히들 조언한다. 과연 이성적이라는 것, 타당하다는 것이 언제나 옳은 것일까?

이 주장을 이 책의 저자는 반박한다. 이성적이고, 합리적이고, 타당한 것은 어떻게 보면 너무나 편리한 말이고, 일반인들이 쉽게 오해할 수 있는 단어라는 것이다. 이 말들은 어떻게 보면 세상 물정에 밝다는 것을 의미할 수도 있다. 하지만 우리는 이성적이어야 한다는 고정관념 때문에 실제 가치판단 과정에서 왜곡된 판단과 선택을 할 수 있다.

그래서 이 책의 저자는 훌륭한 인생에 중요한 것이 무엇인지를 판단하는 출발점은 이성이 아니라 감정이어야 한다고 주장한다. 즐거움, 감탄, 동정, 염증과 같은 감정을 통해 자신의 가치와 의미를 찾아가는 것이 오히려 이성을 의지하는 것보다 훨씬 더 신뢰할 만 하다고 한다.

다섯 번째 신화는 참된 미덕과 바람직한 인생 사이에 진정한 상관관계는 없다는 것이다. 이 신화를 반박하기 위해 저자는 공자와 플라톤, 소크라테스를 비롯한 많은 유명한 철학자들의 주장을 사용한다.

이 책에서 가장 철학적인 내용이 많이 담긴 부분이다. 필자는 철학적인 이야기를 꼭 하고 싶지는 않다. 이 부분에서 다루어진 내용은 매우 심오하기까지 한데, 꼭 직접 읽어 보기를 권한다.

어쨌든 저자의 결론은 다음과 같다. 미덕과 삶의 만족감 사이에는 실제적인 관련이 있다는 것이다. 미덕을 갖추고 살아가는 것은 인생의 훌륭한 전략이라는 것이다. 오롯이 이기적인 관점에서만 보아도 그렇다고 한다.

쉽게 설명하자면, 타인을 배려하고 친절을 베푸는 사람은 인생을 살아가는 더 큰 만족감의 원천을 하나 더 가진 셈이지만, 타인의 존재와 감정을 크게 개의치 않는 이기적이고 개인주의적인 사람은 좁고 폐쇄적인 이해관계로 삶에 큰 만족감과 행복을 전달하는 원천을 포기하는 셈이라는 것이다.

'악덕은 미덕을 이루는 한 요소다.' 17세기 프랑스 도덕주의자 프랑수아 드 라로슈푸코 공작의 말인데, 여섯 번째 신화는 이 말과 관련이 있다. 진정한 미덕이란 결점이 없는 것이 아니라 지혜롭게 헤쳐 나가는 것이며, 중용을 지키는 것이다.

이 책은 공자와 소크라테스의 삶을 통해 훌륭한 인생은 결함이 없는 인생이 아니라는 사실을 마지막으로 주장한다. 미덕을 너무 단순하게 생각해서는 안 되기 때문이다. 미덕은 진행형이고, 인간은 무엇보다 변화한다는 딜레마에 놓인 존재다.

저자는 자기비판에 대한 중용을 잃지 말라고 조언해 준다. 도덕적 잘못을 저질렀을 때 그것을 절대로 간과하거나 무시하지도 말고, 그것에 지나치게 사로잡혀 인생의 자연스러움을 잊지도 말라고 조언한다.

> "마지막으로, 자기비판에 있어 중용을 잃지 않는 것도 미덕이다. 중대한 도덕적 과오를 간과하고 무시하는 것은 무책임한 것이다. 타인이 해를 입은 경우라면 더욱 그렇다. 하지만 거기에 지나치게 사로잡히는 것도 경우에 따라선 비합리적이고 비생산적이다. 작은 과오에 너무 집착하다 보면 인생에서 자연스러움을 잃어버리게 된다."

같은 책, 204쪽

이 책은 철학적인 책이다. 특히 무엇이 인생을 가치 있게 하고, 어떻게 그것을 알 수 있는지가 궁금한 모든 이에게 추천하고 싶은 몇 안 되는 어려운 책 중 한 권이다.

book 2

【살아가는 것에 대한 해답】

- 윤문원

"인생에는 항상 두 가지 측면이 있다.

삶에서 '즐거움을 끄집어내느냐', '고통을 끄집어내느냐'이다.

감사하는 마음을 가지면 세상은 천국이 되고,

불평하는 마음을 가지면 세상은 지옥이 된다."

윤문원, [살아가는 것에 대한 해답], 19쪽

어른이 된다는 것은 제대로 살아가게 되었다는 것을 의미한다. 그런 점에서 어린아이의 삶과 성년이 된 후의 삶은 달라야 한다. 외양만 달라지는 것이 아니라 그 삶의 주체인 내면, 즉 인간 그 자체가 달라져야 한다.

나이만 한두 살 먹는다고 해서 사람이 달라지지는 않는다. 그래서 중국인들은 오래전부터 '만릿길을 다니고 만 권의 책을 읽어야 한다'고 말한다.

작고 보잘것없는 작은 자극들이 모여서 태산처럼, 바다처럼 큰 힘을 발휘한다. 한 권의 책을 통해 배울 수 있는 것은 적지 않다. 하지만 한 인간을 통째로 바꾸고 성장시키기에는 턱없이 부족하다. 그래서 한 권의 책이 모이고 모여서 거대한 태산이 되면, 그때가 바로 독서의 임계점을 돌파하는 지점이 되는 것이다.

[살아가는 것에 대한 해답]이란 이 책의 저자가 바로 그러한 경험을 통해 축적하고 축적한 삶의 지혜를 한 권의 책으로, 끌로 바위에 글을 새기듯, 두고두고 곰삭게 하여 우려낸 책이다.

다른 책과의 차별성 때문에 이 책을 더욱더 추천하고 싶다. 이 책에는 빈센트 반 고흐의 대표적인 그림 103점이 실려 있다. 서양 미술사에서 가장 위대한 화가 중 한 사람으로 여겨지는 고흐의 작품이 이 책에서 76가지 인생의 해답으로 제시되는 키워드 76개와 맞물려 또 다른 사유의 세계로 당신을 인도할 것 같다.

어제 죽은 이들이 그토록 살고자 했던 오늘을, 우리가 아무 감사도, 감흥도, 기쁨도 없이 살아간다면 그것이야말로 부당하다. 우리는 매일 아침에 눈을 뜨면서 상황이나 형편에 상관없이 감사하고 기뻐해야 한다. 감옥에 갇혀 지내야 하는 상황에서도 심하게 아픈 곳이 없다면 그날 하루의 삶이 허락된 것을 감사하고 기뻐해야 한다. 어제 죽은 이들이 그토록 살고자 했던 내일이었음을 알아야 한다.

세상에 당연한 것은 없다. 우리가 오늘 누리는 하루의 삶, 우리가 당연하게 생각하는 건강, 안전, 편안함, 자유 등을 백 년 전 우리 조상들은 누리지 못했다. 일제 강점기와 6·25 등으로 안전과 편안함, 자유, 풍요는 다른 나라 사람들의 이야기에 불과했다.

그러므로 지금 우리가 누리는 풍요로움과 안전과 편안함과 자유는 절대 당연한 것이 아니다. 우리 후손들을 위해 몸 바쳐 희생하신 위대한 조상들 덕분에 우리가 선물로 받은 것이며 동시에 빚진 것이라고 할 수 있다.

그래서 하루하루를 낭비하는 나태한 삶은 그 자체가 죄악이다. 물론 휴식, 여유, 낭만은 죄가 아니다. 하지만 나태한 삶, 자만하는 삶은 휴식이나 여유, 낭만을 즐기는 삶과는 차원이 다른 삶이다.

열심히 일하는 사람에게만 진정한 의미의 휴식이 존재하는 것이다. 나태하게 하루하루를 보내는 사람에게는 휴식이 있을 수 없다. 그것은 그저 나태함의 연속에 불과하다. 그런 점에서 열심히 일하는 사람이 건강뿐만 아니라 정신 건강도 좋을 수밖에 없는 것은 당연하다. 정신이 나태한 것만큼 건강에 해로운 것은 없다.

이 책은 뛰어난 재능을 가진 자에게도 좋은 조언을 해준다. 뛰어난 재능만큼 적을 만들기 쉬운 것도 없다. 두뇌가 명석한 사람들은 자신이 원하지 않아도, 교만하지 않아도 그 재능과 명석함 때문에 자연스럽게 다른 사람의 시기와 질투를 받을 수 있다. 그래서 재능이 뛰어난 자나 명석한 자는 그 재능과 명석함을 어느 정도는 드러내지 않고 숨겨야 한다고 조언한다.

또, 가난을 단지 불편한 것으로만 여겨서는 절대 안 된다고 주장한다. 그에 따르면 가난은 일종의 재난이며 삶을 내리누르는 짐이라는 것이다. 가난하면 남에게 부림을 당해야 하고, 자신을 팔아야 하는 일도 생기고, 편안하고 행복한 삶의 걸림돌이 되기도 한다고 말한다.

그래서 가난하게 살지 않을 것이라고 결심하는 것이 매우 중요하다고 주장한다. 어느 정도의 돈은 당당하게 세상을 살아가는 데 필요하다. 하지만 고결한 수단이 아닌 비열한 수단으로, 특히 타인의 약점을 악용하여 돈을 모으려고 하는 사람은 이 세상에서 가장 비겁한 자이며, 불쌍한 자이다. 자신의 양심을 저버린 사람이기 때문이다. 돈을 잃는 것은 작은 것을 잃는 것이고, 사람을 잃는 것도 작은 것을 잃는 것이다. 가장 중요한 것은 자신의 내면에 있는 양심과 자부심과 자신감과 의식이다. 이러한 것들을 잃어버리고 놓치는 사람은 결국 건강도 용기도 잃고, 아무것도 할 수 없는 최악의 무기력 상태로 평생을 살게 된다.

즉, 삶의 본질은 우리에게 어떤 일이 생기느냐에 따라 결정되는 것이 아니다. 우리가 어떤 태도를 보이느냐에 따라 결정된다.

특히 인생의 성공을 결정하는 순간은 성공했을 때가 아니라 실패했을 때다. 실패했을 때 어떤 태도를 보일 것인가의 선택의 종류가 그 사람의 인생의 진정한 성패를 가르기 때문이다.

그런 점에서 '실패'란 성취하지 못함을 의미하는 것이 아니라 무엇인가 새로운 것에 도전하고 새로운 것을 배우고 새로운 세상으로 나아감을 의미한다. 그래서 실패를 많이 한 사람이 오히려 실패를 적게 한 사람보다 훨씬 더 큰 인생을 살고, 궁극적으로 큰 성공을 한다. 실패를 한두 번 하고서 더는 도전하지 못하는 사람은 실패를 통해 무기력을 선택한 사람이다. 하지만 실패를 아무리 많이 해도 더 큰 것에 도전하고 더 큰 인생을 만들어 나가는 사람은 희망과 긍정을 선택한 사람이다.

이 책의 저자는 열정에 대해서도 조언을 멈추지 않는다. '열정'은 인생이란 기관차를 움직이는 동력이라고 말한다. 가슴 뛰고 가슴 설레는 불타는 열정을 가진 자와 그렇지 못한 자는 인생의 위기가 닥쳐오고 시련이 올 때 행동에 큰 차이가 난다고 말한다.

열정은 시련과 역경을 뚫고 나가게 해주는 인생의 동력이며, 삶의 행동력이라고 말한다.

또, 성년이 된 독자들에게는 신은 대담한 자의 편에 선다는 진리를 추가로 조언해 준다.

용기가 없는 사람은 절대로 가슴 뛰는 삶의 눈부신 아침을 맞이할 수 없다. 용기 있는 자만이 가슴 뛰는 삶을 살 수 있다. 용기를 가진 자는 시련이나 실패, 위기, 변화에 봉착했을 때 절대로 좌절하거나 흔들리지 않는다. 하지만 용기가 없는 자들은 작은 시련이나 실패에도 당황하고 겁을 먹는다.

일단 당황하고 겁을 먹으면 이성을 잃고, 지나친 선택과 행동을 하고, 그 결과 자기 자신을 잃는다. 그러므로, 중요한 것은 평정심이다. 어떤 일을 당해도 평정심을 유지하는 힘이 그 사람의 그릇의 크기이다.

두렵지만 두려움을 극복하고, 공포의 심적 압박과 무게로 무겁고 짓눌리지만, 그 부담감을 억누르면서 전진하고 행동하고 결과에 초연하는 사람만이 용기 있는 자이며, 그릇이 큰 사람이다. 여기서 소인배와 대인배가 갈린다.

또, 인연은 성공하기 위한 가장 든든한 토대 중의 하나이다. 마차에 바퀴가 하나밖에 없다면 어떻게 될까? 마차의 두 바퀴 중 하나가 자신만의 노력과 재능, 집중력, 몰입도라면 다른 하나는 수많은 사람과의 인연일 것이다.

그래서 누군가가 아무리 재능이 많고, 재물이 많아도, 누군가가 그것을 인정해 주고 따르고 좋아해 주지 않는다면 그 재능은 물거품에 불과하다. 그런 점에서 이 책의 저자는 먼저 가까이 있는 사람들, 늘 만나는 사람들에게 잘 해주라고 조언한다.

행복도 불행도 가까운 사람을 통해 다가오고, 자신을 세워 주는 사람도, 반대로 무너뜨리는 사람도 가까운 데 있는 사람이다. 많은 영웅이 자신과 가장 가까웠던 사람에 의해 제거당하고 무너졌던 역사를 보면 이런 사실을 너무나 잘 알 수 있다.

또, 인생의 본질을 말할 때는 죽음에 관한 얘기를 빼놓을 수 없다.

"죽음을 두려워할 이유는 없다.
죽음이란 오랫동안 늦춰진 친구와의 만남과 같은 것이며 인간의 몸이 나비가 누에를 벗고 날아오르는 것처럼 영혼이 육체로부터 해방되어 은하수로 춤추러 가는 것이다."

같은 책, 275쪽

죽음에 대해서 이러한 생각을 가지면 초연해질 수 있다. 그리고 죽음에 초연할 수 있는 사람이라면, 살면서 겪을 어떤 일에도 초연할 수 있을 것이다. 그런 사람은 어떤 일을 만나도 평정을 잃지 않는 사람일 것이다. 큰 인물이 되기 위해서는 마음의 평정을 유지하는 사람이 될 필요가 있다.

평정을 유지하는 사람이 되기 위해 가장 중요한 것은 의식이다. 의식이 크고 높은 사람은 어떤 큰 문제를 만나더라도 그 문제를 단편적으로 보지 않고 전체적인 관점에서 보고, 긴 인생의 통과 의례로 보기 때문에, 타인이 보기에는 굉장히 심각하고 어려운 문제일지라도 좌절하지 않고 더 나은 해결책을 찾고자 용기 있는 선택과 행동을 한다.

또, 가장 큰 행복을 누리더라도 너무 경거망동하지 말고, 가장 큰 불행에 처하더라도 너무 크게 동요하지 않는 것이 매우 중요하다.

끝으로 이 책의 저자가 우리에게 당부하는 말은 희망을 품고 살라는 것이다. 희망을 품고 사는 자와 절망을 품고 사는 자의 차이는 삶과 죽음의 차이보다 더 크다. 칠흑 같은 어두움이 가득 차 있는 컴컴한 공간이더라도 스위치 하나만 켜면 환하게 밝아지듯, 절망과 시련의 순간에 희망이라는 스위치 하나만 켜면 보이지 않던 돌파구가 보이고, 없던 길이 만들어진다.

그리고 그것이 바로 희망의 위대함이다. 우리가 내면에서부터 멈추거나 절망하지 않는다면 그 어떤 시련에도 맞서 싸워볼 만하다. 인간은 위대하기 때문이다. 우리 자신은 우리의 생각보다 더 강한 존재이고 더 위대한 존재이다. 하지만 그것을 믿고 행동하는 자에게만 그것이 나타나 현실이 된다.

가장 비참한 인생은 삶을 제대로 살아내지 못하는 인생이다. 제대로 살아내지 못하는 인생의 가장 큰 특징은 무엇일까? 주체적인 생각과 의식을 가지지 못해서 남들과 엇비슷하게 살아가는 인생이다. 이렇게 정신없이 열심히만 살아가는 사람은 나중에 후회하게 된다.

제대로 살아간다는 것은 자신의 정신과 의식으로 타인이 절대 걸어 가지 않았던 자신만의 새로운 길을 개척해 나간다는 것을 의미한다. 그러한 개척자의 삶을 살기 위해서는 여러 가지 미덕과 기질을 겸비해야 한다. 그중에서도 가장 중요한 미덕은 용기와 행동력이다.

너무 생각이 많아서 단 한 번 도전도, 실패도 해보지 않은 청춘보다는 오히려 많은 도전과 실패를 경험한 청춘이 더 제대로 인생을 살아냈다고 할 수 있다. 필자에게 선택하라면 무조건 후자를 선택할 것이다.

제대로 살아간다는 것은 수많은 도전을 하고, 수많은 실패와 시련을 경험하고, 수많은 일을 경험하며 아무 도전도 하지 않아서 제대로 된 실패조차 경험하지 못한 이들보다 더 많은 것들을 배우고 성장하며 자신을 키워나가는 많은 기회를 스스로 제공하는 것이다.

그런 점에서 한 사람의 인생을 이야기하려면 얼마나 많은 성공을 했느냐보다는 얼마나 많이 성장하며 배웠고, 얼마나 큰 세계로 나아갔느

냐의 관점으로 이야기하는 것이 옳다.

　인생은 결과보다 과정이다.

　인생의 가장 중요한 목표와 의미는 배움과 성장이다. 그리고 자신을 얼마나 크게 성장시켰고 얼마나 많은 배움을 얻었느냐를 결정하는 것은 결과가 아니라 과정 그 자체이다. 그 점에서 인생에서는 결과보다 과정이 더 중요하다고 말할 수 있다.

제 2 장

어른, 어떻게
살아야 하는가?

book 3

【세상에 만만한 인생은 없다】

- 찰스 J. 사이키스

"삶이 불공평하다는 사실을 알았다는 건 현실을 알았다는 소리다. 허리케인, 쓰나미, 유행병, 지진, 기근은 불공평하다. 유전은 불공평하다. 착한 사람이 언제나 이길 수 없다는 건 불공평하다. 다른 사람이 나보다 키가 크고, 빨리 성장하며, 아이스크림을 아무리 먹어도 살이 찌지 않는 건 불공평하다. 학교 선생님들 월급을 다 합쳐도 연예인 한 사람의 수입보다 적은 것은 불공평하다. 멍청한 입사동기가 상사에게 아첨을 잘해서 좋은 자리를 차지하는 것도 불공평하다."

찰스 사이키스, [세상에 만만한 인생은 없다], 17~18쪽이 책은 만만치 않은 세상에 피가 되고 살이 되는 따끔한 조언을 해 주는 책이다. 진정한 어른만이 아는 몇 가지 독한 원칙들을 말해 준다. 그런 점에서 이 책은 독자들이 스무 살, 성년이 됐을 때 꼭 알아야 하는 인생처방전과 같다. 당신이 아직도 어른이 되지 못한 50가지 이유를 이 책의 저자는 독설로 따끔하게 충고해 준다.

이 책의 저자는 우리에게 행복도, 불행도, 성공도, 실패도 모두 인생이라는 사실을 직시해야 한다고 조언해 준다.

저자가 첫 번째로 조언하는 것은 삶은 불공평하다는 사실을 받아들여야 한다는 것이다. 유명한 물리학자 스티븐 호킹의 사례를 드는데, 영재로 알려져 대학 시절부터 스타 대접을 받았던 그는 대학 3학년 때 갑자기 아무 이유 없이 넘어졌다. 그는 이름도 모를 희귀병에 걸렸고, 그로 인해 몇 년 내에 죽을 거란 충격적인 말을 들었다.

그때 호킹은 왜 자신에게만 이런 불공평한 일이 생겼는지 하늘을 원망하고 불평하기 시작했다. 하지만 그는 병원에 입원한 후 더는 불평하거나 원망하는 일을 멈추었다. 바로 옆 침대에서 백혈병으로 입원했던 소년이 죽는 것을 지켜봤기 때문이다.

호킹은 그날의 경험을 토대로 어떤 상황에서도 인생을 즐기는 강한 사람으로 거듭났다. 우리에게 필요한 삶의 방법은 인생이 불공평하다는 것을 인정하고, 절대 투덜대지 않고 태풍 속에서도 살아나가는 강한 삶의 자세다.

이와 더불어 진정한 어른이라면 알아야 할 가장 중요한 원칙이 하나 있다. 그것은 바로 세상에 공짜는 없다는 사실이다. 그뿐만 아니라 꿈은 다 이루어지는 것이 아니라는 사실도 조언한다.

꿈을 이루려면 재능과 교육과 노력이 뒷받침되어야 한다. 그렇다고 꿈을 작게 가져야 한다고 말하는 것은 아니다. 꿈은 크게 가져야 한다. 하지만 열망만 크고, 능력이나 태도, 노력은 적은 경향이 많다. 그래서는 안 된다. 세상에 공짜는 없다. 열망이 크면 그만큼 태도나 노력, 능력도 커야 한다.

기본이 중요하다. 아무리 재능이 뛰어나고 스펙이 좋아도 기본자세와 마인드가 나쁘다면, 그 사람은 어디를 가더라도 몇 개월 버티지 못하고 나올 것이다. 그런 점에서 힘들고 어려운 일을 마다하지 말고, 제대로 하라고 조언한다.

이 책의 저자는 또 우리에게 언제나 희생자인 양 우는소리를 그만하라고 독설을 퍼붓는다. 희생자로 사는 데는 이익이 많다. 먼저 누군가에게 미안하다고 고개를 숙일 필요도 없고, 책임질 일도 없고, 비난받을 일도 더더욱 없다. 하지만 희생자는 계속해서 희생자로 남아야 하므로 인생 전체로 보면 큰 손해를 보는 일이다. 그러한 사람은 어떤 일도 제대로 책임감을 느끼고 할 수 없다. 하다가 힘들면 포기하면 되기 때문이다. 왜? 희생자이기 때문이다.

희생자인 양 징징대는 소리, 우는소리를 지금 당장 그만두자. 그리고 진정한 희생자들을 대면해 보자.

유대인 대학살을 겪은 유대인들을 생각해 보라. 홀로코스트 희생자들과 터키에 의해 대량 학살된 아르메니아인, 세르비아에 의해 살해된 무슬림, 불에 타서 죽은 기독교 순교자들이야말로 정말 희생자라고 할 수 있지 않을까?

이 책의 저자는 현실을 똑바로 직시하라고 충고한다. 결론은 당신의 상황은 생각만큼 나쁘지도 않고, 당신은 희생자 축에도 끼지 못한다는 것이다. 그러므로 용기를 내고, 절대 우는소리를 하지 말라는 것이다. 명심하자.

우리는 모두 정신적으로, 경제적으로 독립해야 하고, 삶의 주인이 되어야 한다. 빠르면 빠를수록 좋다. 더 많이 도전하고 실패를 경험해 더 많은 교훈을 얻어야 한다.

프랜시스 베이컨의 말처럼 현명한 사람은 스스로 발견하는 것보다 더 많은 기회를 만드는 사람이다. 그러므로 현명한 사람이 되어야 한다. 스스로 더 많은 기회를 만들 줄 아는 사람이 되어야 한다. 그러기 위해서는 실패나 시련, 불편함을 두려워해서는 안 된다. 기꺼이 불편함을 감수해야 한다. 너무 편하게만 살려고 해서는 안 된다.

가장 불편하고 가장 힘들고 가장 괴로울 때 사람은 자신을 넘어선다. 그래서 실패나 시련을 절대 두려워하거나 회피하지 말고, 온몸으로 부딪히고 온몸으로 전진하면서, 성장해 나가야 한다. 우리는 어른이기 때문이다.

명심하자.

우리의 인생은 우리가 결단하는 만큼, 원하는 만큼 성장하고 위대해진다. 즉, 결단하고 행동하게 만드는 것은 우리의 능력이 아니라 태도이다. 승자와 패자를 가르는 것도 태도이다.

승자의 태도를 보이는 사람들은 경쟁이나 테스트를 두려워하지 않고, 경쟁에서 도망치지 않는다. 실패하거나 떨어져도 또 다른 테스트를 준비하고, 늘 도전을 멈추지 않는다. 하지만 패자는 다르다.

패자가 되는 사람의 가장 큰 문제는 현실에 안주하면서 굳이 승자가 될 필요는 없다고 자신을 위로한다는 것이다. 이런 사람들은 항상 장기적인 만족과 단기적인 기쁨을 혼동한다. 그래서 자존심은 하늘을 찌르지만, 절제력은 바닥이다. 패자들은 항상 자기 스스로 그 어떤 일도 추진해 나가지 못하면서, 추진할 엄두도 못 내면서, 누군가가 용감하게 일을 추진하면, 수백 가지 결점과 문제점만을 족집게처럼 집어낸다.

이런 패자들의 가장 큰 특징은 항상 핑계와 변명거리로 가득 차 있다는 것이다. 단 한마디도, 단 한 번도 자신의 잘못을 솔직하게 인정하지 않는다. 잘못을 인정하지 않고 핑계 대고 변명하는 것이 왜 패자들의 가장 큰 특징일까? 이런 사람들은 어제와 오늘을 다르게 살지 않기 때문이다. 내일도 오늘의 연장선에 불과하기 때문이다. 발전의 가능성을 스스로 포기하기 때문이다.

핑계를 대고 변명하는 순간, 패자의 의식 속에는 모든 일의 잘못이 자신에게 있는 것이 아니라 타인과 세상에 있어서, 더 이상의 변화와 개선, 발전과 성장의 필요가 사라진다. 그 결과 평생 어제와 별반 다른 바 없는 오늘을 살아가는 사람이 된다.

반면 성공하는 사람들은 어제와 오늘이 다르고, 오늘과 내일이 다르다. 모든 일의 잘못을 먼저 자기 자신에게서 찾는 사람은 늘 발전하는 사람이다. 그러므로 절대 남에게 핑계 대지 마라.

이 책의 저자가 우리에게 충고하는 조언 중의 하나는 매우 독특하다. 사람을 만나면 반드시 눈을 똑바로 바라보라는 것이다. 특히 자기중심적이고 버릇없는 사람이 아니라는 것을 보여 주고 싶다면 항상 사람을 마주할 때 그 사람의 눈을 보아야 한다는 것이다.

당신이 어떤 일을 겪는다고 해도 그것이 당신만 겪었거나 겪을 문제는 절대 아니다. 그러므로 놀라거나 당황하지 마라. 그리고 다른 사람이 성공했다고 우울해하지 마라. 그것은 비겁한 감정이며 자기 자신에게 전혀 도움이 되지 않는 해로운 습관이다.

당신이 진정한 어른이 되었다는 것은 모든 것을 당신이 책임져야 한다는 것을 의미한다. 하지만 너무 두려워하지 말라. 이 세상의 모든 순간은 곧 지나가기 때문이다.

그렇다. 모든 것은 곧 지나간다. 살면서 부닥치는 수많은 시련과 고통, 어려움, 변화, 불확실성, 실패, 비난, 억울함 등은 매우 위협적인 요소이지만, 그래도 곧 지나간다.

가장 어두울 때가 바로 해 뜨기 직전인 법이다. 그러므로 가장 힘들 때 절대로 포기하지 말고 멈추지 않으면, 그 힘든 순간이 즐거운 순간으로 바뀔 것이다.

당신이 진정한 어른이 되기 위해서는 우리에게 주어진 시간이 매우 제한적이라는 사실을 명심해야 한다. 또한, 바로 그런 이유로 우리는 다른 누군가의 삶을 살기 위해 시간을 낭비해서는 안 된다.

당신이 지금 어떤 인생의 단계를 살아가고 있는지는 모른다. 하지만 그 시기가 눈 깜박할 사이에 지나가 버릴 것이다. 그러므로 순간순간 즐겁게 살아야 한다. 직장, 학교, 인생, 이 모든 것은 너무도 빨리 지나간다. 그러므로 지금 이 순간부터라도 즐기기 시작해야 한다.

이 책은 도전을 가르치지도 않고 실패에서 무엇인가를 배우려고도 하지 않는 이 시대의 어른들에게 꼭 필요한 책이다. 기억하자.

세상에는 나이만 어른이지, 진정한 어른이 아닌 사람들도 적지 않다. 이 책은 그런 사람들이 진정한 어른이 되지 못한 이유를 하나씩 꼬집어 준다.

당신은 이제 진정한 어른으로 거듭나야 한다. 더는 시간이 없다. 지금 어른이 되지 못한다면 평생 그 상태에서 벗어나기 힘들지도 모른다. 그러므로 지금 당장 성숙해져야 한다. 세상은 당신이 성장하도록 멈추어 서서 기다려 주지 않는다. 세상은 냉정하다.

거칠고 만만치 않은 경쟁 사회를 두려워하지 말고, 똑바로 바라봐야 한다. 그리고 어깨를 펴서 당당하게, 어른답게, 살아내야 한다. 건투를 빈다.

book 4

【인생을 건너는 여섯 가지 방법】

- 스티브 도나휴

"우리를 기다리는 여정은 둥지를 떠나고 나서야 비로소 시작된다.
지금까지 자신을 돌봐 주었거나 중요한 안전장치를 제공해 왔던 그
무엇을 떠나야만 한다. 이는 정말 힘든 일이다.
어떤 종류의 둥지든 그곳을 떠난다는 건 심리적으로, 알에서 막 깨
어난 새끼거북이 바다를 향해 떠나는 것만큼이나 위험하고 어렵다."

스티브 도나휴, [인생을 건너는 여섯 가지 방법], 39쪽

우리 모두에게는 우리를 안전하게 지켜 주고 키워 주고 보호해 주는 둥지가 있다. 삶의 위대한 진짜 여정을 시작할 나이와 조건이 갖춰지기까지 우리를 성장시키고, 우리를 마음껏 쉬게 하는 둥지 말이다.

하지만 아무리 좋은 둥지일지라도, 우리가 인생을 어른으로 제대로 살아내기 위해서는 인생의 어느 시점에서 둥지를 떠나야만 한다. 둥지를 떠난다는 것은 어른이 되어 사회적으로 독립하는 일도 포함하지만, 정신적으로 홀로서기를 하는 진짜 어른이 됨도 의미한다.

바로 이것이 이 책의 저자가 우리에게 제시하는 인생을 건너는 여섯 가지 방법 중 첫 번째 방법이다.

둥지를 떠난 사람과 떠나지 못한 사람 사이에 지금 당장은 큰 차이가 없어 보일 수도 있다. 하지만 5년 후, 10년 후에는 엄청난 차이를 눈으로 직접 확인할 수 있다. 그 이유는 분명하다.

둥지를 떠난다는 것은 예전에는 상상도 못 했던, 자신에게 불가능하게만 생각되던 것들을 할 새로운 기회들을 많이 얻는 것과 같다. 반면, 편하고 안락한 삶에 젖어 둥지를 떠나는 것을 미루는 사람들은 삶의 목표와 열망에 초점을 맞추고, 자유롭고 가슴 설레게 살아갈 본능적인 욕구와 수많은 기회를 스스로 거부하고 무시하며 지내는 사람이다.

둘 중 어떤 사람이 나중에 큰 성공을 할 것 같은가? 아마 대부분의 독자가 전자를 선택할 것이다.

둥지를 떠난다는 것은 물리적, 환경적인 것만을 의미하는 것이 아니다. 정신적으로도 둥지를 떠나야 한다는 충고는 매우 의미심장하다.

둥지를 떠날 때는 주의해야 할 것이 있다. 그것은 단지 불편하다는 이유로 둥지를 떠나 옮겨 다니는 일이다. 불편하고 힘들어서 직장, 조직, 나라, 배우자 할 것 없이 여기저기 옮겨 다니며 떠돌이처럼 사는 것은 현실 도피와 나약한 삶의 태도를 의미할지도 모른다.

인생은 사막을 건너는 것과 같다. 목적지는 절대 보이지 않고, 길을 잃고, 오도 가도 못 하는 신세가 되기도 한다. 그런데도 둥지를 떠나 위대한 인생의 여정을 시작한 사람들에게는 도착지에 도달하는 것에 대한 여전한 가능성이 있다. 하지만 둥지를 떠나지도 못한 이들에게 목적지 도착이란 불가능한 것이다.

인생을 건너는 두 번째 방법은 마음이 이끄는 대로 하는 것이다. 바다거북이 나침반과 같은 능력을 갖추고 태어나기 때문에 수천 킬로미터나 떨어진 곳에서도 자신이 태어났던 해변으로 정확히 되돌아오듯이, 우리도 모두 내면에 나침반을 가지고 있다고 책의 저자는 말한다.

생각해 보라. 우리가 어렸을 때 어떤 것에 마음이 끌렸는지, 그리고 어떤 것에 열정을 느꼈는지를 말이다. 한 가지 더 중요한 사실은 우리가 연습하면 할수록 나침반은 더욱더 정교해질 거라는 사실이다. 그렇다면 우리는 더 많이 연습해야 할 것이다.

마음이 이끄는 대로 따라 해야 하는 이유는 무엇일까? 왜 굳이 마음이 이끄는 대로 살아야 할까?

이 질문에 대한 답변은 간단하다. 마음이 이끄는 대로 살지 않으면, 텅 빈 레인코트와 같은 신세가 될 것이기 때문이다.

아무리 열심히 공부하고 일해서 부와 성공을 성취해도, 언제나 마음 한구석은 허전하다면 어떻게 할 것인가? 아무리 높은 지위에 올라도 그 삶이 자신이 원하던 삶이 아니라면? 가슴 설레는 삶을 살지 못한다면 아무리 외형상 좋은 삶도 좋은 삶이라고 할 수 없다. 우리가 마음이 이끄는 대로 인생을 건너야 할 이유가 바로 이것이다.

마음이 이끄는 대로 살았을 때 우리가 과연 얼마나 눈부신, 놀라운 인생을 살지 결코 깨닫지도, 알지도 못하고, 다만 후회 속에서 평생 살아야 한다는 것은 결코 작은 고통이 아닐 것이다.

인생을 건너는 세 번째 방법은 잘할 수 있는 일을 찾아내어 행하는 것이다. 잘할 수 있는 일을 발견하는 것은 평생 열심히 살아가는 것보다 훨씬 더 중요하다.

자신이 잘할 수 있는 일을 발견해서 그 일을 하는 사람은 남들보다 조금만 더 열심히 하면 남들보다 더 쉽게 그 일의 전문가가 될 수 있다. 하지만 자신이 잘하기 힘든 분야에서는 아무리 열심히 일한다고 해도 남들만큼 성과를 내는 것이 버겁고 힘들다.

그런 점에서 무조건 열심히 사는 것보다는 훌륭하게, 잘 사는 것이 중요하다. 우리 주위를 보면 무엇을 하더라도 예술처럼 하는 사람이 있다. 인류는 바로 그런 사람들이 이끌고 간다. 어떤 분야에서든 그 일을 평범한 사람들과는 비교도 되지 않을 정도로 빠르게, 잘 해내는 사람들이 늘 존재한다. 우린 그런 사람에게 찬사를 보내고 존경을 표한다.

바로 그런 사람이 되려면 가장 중요한 것이 자신이 남들보다 훨씬 더 잘할 수 있는 일을 발견해야 한다. 이 책의 저자는 마이클 조던의 이야기를 통해 자신이 남들보다 잘할 수 있는 일을 발견하고, 그 일을 하는 것이 왜 그토록 중요한지를 설명해 준다.

마이클 조던이 남들보다 잘할 수 있는 일은 야구가 아니라 농구다. 농구 선수로서 마이클 조던은 20세기 북미 최고의 운동선수가 될 만큼 위대하다. 하지만 그가 야구 선수가 되었을 때는 그가 아무리 놀라운 열정과 뛰어난 운동 신경을 가졌어도 별 볼 일 없는 선수에 불과했다.

이처럼 자신이 어떤 일을 하느냐는 매우 중요하다. 대성할 수 있을지 아닌지를 결정하는 가장 중요한 요인이 아닐 수 없다. 그래서 이 책의 저자가 제안하는 인생을 건너는 세 번째 방법인 자기 자신이 잘할 수 있는 일을 찾아내는 것은 굉장히 중요한 과제다.

인생을 건너는 네 번째 방법은 실수를 두려워하지 않기다.

반어적으로 들릴지 몰라도, 인생을 제대로 건너기 위해서는 더 많은 실수를 해야만 한다. 실수를 통해 우리는 인생을 건너는 법을 더 잘 배운다. 치명적인 실수만 피하면 된다. 하지만 치명적인 실수는 죽음을 빼고는 아무리 생각해도 없다.

그러므로 더 많이 실수하고, 실수를 두려워하지 마라.

실수를 더 빨리 더 많이 하는 것이 단 한 번도 실수하지 않는 삶보다 훨씬 낫다.

필자는 현재 책 쓰기 수업과 저술 컨설팅을 많은 사람에게 해주고 있다. 그런데 사람들이 하나같이 던지는 질문이 있다. "어떻게 하면 3년이라는 단기간에 50권이라는 많은 책을 출간해 낼 수 있었습니까?"이다.

그때마다 필자는 한 치의 주저도 없이 아무 생각도 하지 않고 답한다. 타인의 평가와 세상의 비난과 질책에 절대 신경 쓰지 말고, 세상에서 가장 형편없는 책이 되더라도 책 쓰기를 멈추지 않겠다는 생각으로 책 쓰기의 기준을 낮추고, 잘 써야겠다는 욕심을 버리고 그저 책 쓰기를 누구보다도 더 즐겼기 때문이라고. 즉, 잘 쓰려고 욕심내지 않고 즐겼는데, 자기계발 1위를 하는 책도 출간하는 행운이 따라온 것이다.

즐기는 사람을 그 누가 추월할 수 있을까? 진정으로 즐기는 삶을 살기 위해서는 실수를 두려워해서는 안 된다. 실수를 두려워하지 않을 때 결과에 연연하지 않고 즐기는 삶을 살 수 있다.

인생을 건너는 다섯 번째 방법은 깊이 잠수하기이다.

이 책의 저자는 인생의 1% 시간만이라도 깊이 잠수하는 것이 꼭 필요하다고 우리에게 조언해 준다. 깊이 잠수한다는 것은 어떤 것일까? 그것은 자신의 삶 속에 깊이 침잠해 자신의 생각과 행동, 선택, 일상의 이면을 들여다봄을 의미한다.

깊이 잠수하기 위해서는 좋은 책을 읽는 것도 방법이고, 매일 글을 쓰는 것도 좋은 방법이라고 조언한다. 내면의 힘을 기르면 오래 숨을 참는 법도 배울 수 있다. 험한 세상살이를 통해 우리는 인생이라는 사막을 건너기도 전에 붕괴할지도 모른다. 하지만 불행, 우울, 슬픔, 원망, 후회, 외로움, 분노, 증오, 시기, 질투, 욕심, 욕망, 조급함, 성급함, 초조함 같은 것들을 가라앉힐 수 있으면, 사막을 잘 건널 수 있다.

그때, 이러한 요소를 밑바닥으로 완전하게 가라앉게 만드는 법이 오래 숨을 참는 것이고, 깊이 잠수하는 것이다. 깊은 잠수를 통해 삶의 찌꺼기들을 조금씩 빼내는 훈련을 하는 사람은 큰 시련과 역경이 와도 흔들림 없이 또 많은 찌꺼기를 빼낼 수 있다.

우리에게 긴 호흡이 필요한 이유가 바로 이것이다. 인생을 너무 얕게 살면 절대 안 된다. 얕게 살면 매일 흔들리고 방황하는 삶을 살지도 모른다.

이 책의 저자가 제시하는 인생을 건너는 마지막 방법은 집으로 돌아오기이다. [친구]라는 영화를 보면, 어렸을 때 친구들이 바다에서 수

영하다가 너무 멀리 가서, 이제 집에 돌아가자고 하는 인상적인 장면이 나온다.

우리가 인생을 살아가는 것도 이와 같다. 바다에 가서 해변에만 앉아 있는 것보다 위험해도 바다에 뛰어들어 수영을 즐기고 바다와 하나가 되는 것이 훨씬 더 멋진 일이다. 하지만 너무 멀리 바다로 나가면, 그때는 얘기가 달라진다.

즉, 항상 집으로 되돌아가야 한다는 사실을 잊어서는 안 된다. 이것은 정신적으로 우리는 언젠가는 반드시 죽음을 맞이해야 한다는 사실을 잊어서는 안 된다는 것을 의미한다. 인생은 천년만년 지속되지 않기에 하루하루를 낭비해서도 안 되고, 결과에 집착하거나 욕심을 내서도 안 된다.

이 책의 저자는 한 번쯤 되돌아갈 집조차 없다고 생각해 보라고 조언한다. 머물 집조차 없는 느낌을 상상해 본다면 세상을 다르게 볼 수 있기 때문이다.

인생을 제대로 건너기 위해서 가장 필요한 것은 삶을 대하는 태도이다. 이 책에서 제시하는 여섯 가지 방법을 그대로 실천할 때 그 태도도 생길 수 있을 것이다. 태도가 좋은 사람은 돈을 잔뜩 들여서 하나도 힘들지 않고 안락한 길을 달리는 인생보다, 여행과 같은 인생의 순간순간을 최대한 느끼고 누리고 활용하는 인생을 선호한다.

book 5

【거장에게 배우는 인생 컨셉 28】

- 페터 뤼케마이어

"스스로를 중요시한다는 것은 거만을 떨고, 자랑하고, 자기만 생각하는 태도가 아니다. 다만 일을 하기 위한 전제, 혹은 시작일 따름이다.

또한, 언제나 자신만을 중요하게 생각하는 사람은 매력적이지 않다. 그래서 모든 노력에는 약간의 가벼움이 필요하다.

스스로를 너무 중요시하지 않으면서 스스로를 중요시하는 균형 감각! 그것은 기술이다. 어쩌면 당신이 살아가는 데 있어서 가장 필요한 기술이 될 것이다."

페터 뤼케마이어, [거장에게 배우는 인생 컨셉 28], 207쪽

인생은 단 한 번뿐이다. 그래서 매우 소중하고, 그 인생을 다른 사람을 흉내내면서 살기에는 너무 아깝다는 생각이다. 당신은 당신만의 스타일로 당신만의 콘셉트를 가지고 인생을 살아내야만 한다. 그것이 당신이 먼 훗날 스스로 치열하게 살아왔던 인생을 되돌아보면서, '잘 살았다, 후회하지 않는다'고 말하게 만들 유일한 인생의 방법이다.

100년을 살았어도, 인생의 경험과 연륜, 지식이 많다고 할 수 없다. 그래서 진짜 어른의 삶을 살기 위해 꼭 필요한 것은 먼저 이 세상을 치열하게 살다 간 이들의 삶의 교훈이며 지혜이며 기록이다. 그것은 우리가 접하고 읽어야 하는 수많은 책에 고스란히 담겨 있다. 그런 점에서 책을 읽는다는 것은 위대한 인생과 인간을 만나는 최고의 방법이며, 유일한 방법이다.

이 책에서 소개되는 거장 28명의 각양각색의 인생 콘셉트를 통해 우리는 자신만의 새롭고 독특한 인생의 콘셉트를 정립하고 만들 수 있다. 그것은 바로 참된 독서의 과정이기도 하다.

먼저 이 책의 저자는 고집쟁이로 살다 간 윈스턴 처칠의 인생 콘셉트를 소개한다.

윈스턴 처칠은 어떤 사람일까? 그는 영국 총리를 두 번이나 했고, 해군장관, 통상장관, 식민장관까지 역임했고, 중년의 나이에 책을 27권이나 집필한 작가였고, 정치인으로서는 유일하게 노벨문학상을 받은 인물이다.

그에게서 배울 수 있는 인생 콘셉트는 무엇일까? 바로 자신의 신념을 끝까지 밀고 나가는 불굴의 정신이다. 윈스턴 처칠은 계속된 실패에도 무너지지 않았고, 자신의 신념대로 전진한 인물이다. 한마디로 그가 우리에게 제시하는 인생 콘셉트는 '절대 양보하지 마라, 절대 굴하지 마라'이다.

앞으로 눈부신 인생을 살게 될 이 책의 독자들에게 많은 도움이 될 인생 콘셉트는 이 책에서 여섯 번째로 소개하는 인생 콘셉트라고 생각한다. 바로 하인리히 만처럼 비판을 견뎌낼 수 있어야 한다.

인생을 살 때 비판이나 혹평, 심지어 인격 모독과 같은 심한 말들을 전혀 듣지 않고 살아갈 수는 없다. 아무 형편없는 사람들이 순수하고 착한 당신에게 심한 상처를 주는 비판과 모독을 한다고 해서 그때마다 당신이 심하게 흔들리고 일상생활에 지장을 받고, 심지어 자기 일에 집중하지 못한다면 그보다 더 큰 손해는 없을 것이다.

당신이 자신의 분야에서 조금이라도 두각을 나타내고, 조금이라도 성공할 싹을 보인다면, 그때부터 당신은 경쟁자들, 시기하는 사람들, 형편없는 비평가들, 타인을 욕하는 것이 일상화된 불쌍한 진상들과 악성 댓글 게시자에게서 벗어날 수 없다. 그래서 당신이 세상을 향해 전진하기 위해서는 비판을 관리해 낼 능력을 키워야만 한다. 이 책에서는 하인리히 만의 이야기를 통해 그 방법을 알려 준다.

하인리히 만은 자신이 쓴 소설에 친동생마저도 심한 악평을 하는 현실과 마주했다. 자신의 친동생이 자신이 쓴 소설에 대해 '황량하고, 산만하고, 과장되고, 경련이 날 만큼의 진리에 대한 신성모독'이라고 말한다면 당신은 어떤 심정일까? 자신의 동료들로부터 '이 책은 단 몇 페이지도 읽을 가치가 없다'는 평가와 비판을 듣는다면 당신은 어떻게 할 것인가?

누군가가 이런 비판을 할 때마다 심하게 상처받고, 하던 일을 멈추고, 자책하고 후회하고 눈물을 흘릴 것인가? 아니면 길거리의 개들이 짖는다고 생각하고 아예 무시한 채 자기 일에 더욱더 집중할 것인가?

긍정적이고 건설적인 비판이나 평가는 얼마든지 받아들이고 적용해야 한다. 하지만 말도 되지 않는 터무니없는 평가들이나 뭉뚱그려서 하는 비판이나 평가는 철저하게 무시하고 내버려두는 배짱과 초연함이 필요하다.

누군가가 당신의 작품에 대해 구체적인 조언을 해준다면 충분히 경청할 필요가 있다. 하지만 인격 모독과 가까운 이야기를 하면서 구체적이지 못 한 비난을 하면 경청해서는 안 된다.

만약 '책 좀 많이 읽으세요'라고 조언한다면 감사하게 경청하라. 하지만 '넌 낙오자야, 쓰레기야, 가난뱅이야'라고 말한다면, 절대 경청하지 말고 그냥 무시하고 흘려보내야 한다. 조언의 가치가 없는 말이기 때문이다.

즉, 당신을 향한 비판 중에서는 이처럼 생각해 볼 가치도 없는 비판이나 평가가 있을 수 있다. 그런 비판을 철저하게 무시하고, 초연함을 유지해야 한다. 그것이 인생을 견뎌 내고 잘 살아 내는 방법이다.

누군가가 당신을 심하게 헐뜯고, 욕하고, 나쁜 소문을 퍼뜨리고, 억울한 누명을 씌운다면 그것은 당신이 그만한 가치가 있는 사람이 되었다는 의미다. 길거리 거지에게는 아무도 인터넷에서 욕을 하거나 나쁜 소문을 퍼뜨리거나 억울한 누명을 씌우지 않는다. 당신에게 뜯어낼 것이 있거나, 뺏을 것이 있을 때에만 심한 욕을 하고, 나쁜 소문을 퍼뜨리는 것임을 알아야 한다.

이 책에서 소개되는 인물 중에 필자에게 매우 인상적인 인물은 바로 고갱이다.

사실 가족이나 친구, 직장 동료 등 삶의 모든 고리를 조건 없이 끊고, 세상과 단절하고, 자신의 인생을 새롭게 시작한다는 것은 엄청난 일이 아닐 수 없다.

세계적으로 유명한 프랑스의 화가 폴 고갱은 원래 증권 브로커였다. 그의 삶의 모습에는 불평불만이 가득했고, 인생의 실패자였으며, 아무런 성공도 거두지 못한 사람의 모습 그대로였다. 그런 실패자의 일상에서 벗어나 그는 남태평양 타히티로 가서, 자신만의 세계를 그려 내는 그림 작가로 성공했다.

우리가 폴 고갱에게 배워야 하는 인생 콘셉트는 이것이다. 지금 있는 자리에서 벗어나 낯선 곳으로 가는 것이다.

우리가 잘 아는 대문호 괴테에게도 배워야 할 인생 콘셉트가 있다. 바로 우리에게 주어진 하루하루를 활용하는 데 최선을 다하는 것이다. 괴테는 그 당시의 다른 거장들과 달리 보기 드물게 장수한 인물이다. 그러면서 작가이자 과학자이자 장관으로서 화려한 인생을 살았다.

그가 겉보기 식 성과뿐만 아니라 내용 면에서도 알차고 좋은 인생을 보낼 수 있었던 이유는 그가 가진 인생 콘셉트 때문이었다.

그는 자신에게 주어진 하루하루를 최대한 잘 활용하며 살았다. 그렇다고 성공하기 위해서 집착하고 조급해하면서 안달하는 인생은 아니었다. 오히려 의미와 기쁨을 중요시했고, 날마다 자신을 하나씩 실현해 나가며 살았다. 소처럼 그는 한 걸음씩 서두르지 않고 전진해 나갔다. 그의 표현을 빌리자면, 매일 꾸준히, 체스판에서 최소한 말 몇 개는 앞으로 옮기는 것처럼 말이다.

또, 이 책의 저자가 소개하는 수많은 인생 콘셉트 중 개인적으로 가장 관심이 가는 콘셉트는 바로 데일 카네기의 콘셉트다.

카네기의 인생 콘셉트는 칭찬하기이다. 칭찬하기는 인생을 살아갈 때 매우 중요한 인생 콘셉트이기도 하다.

학창 시절, 데일 카네기는 그다지 성공할 기미가 보이지 않는 인물이었다. 그는 오랫동안 방황했다. 교사가 되고 싶은 적도, 배우가 되고 싶은 적도 있었다. 극예술학교에 다니기도 했다. 작가가 되고 싶어 링컨에 관한 책도 썼지만 거의 팔리지 않았다. 소설가가 되고자 했지만 출간된 소설은 단 한 권도 없었다.

결국, 뉴욕에서 비누, 베이컨 등을 파는 위탁 판매 일을 하게 되었지만, 기쁨도 즐거움도 재미도 없었다. 카네기는 좌절과 실패를 경험했지만, 결국에는 동기 부여가로, 베스트셀러 작가로 큰 성공을 거두었다. 그의 책은 세계적인 베스트셀러가 되었고, 그가 제시하는 인간 관계론의 황금률에 대한 교훈은 우리가 어떻게 살아야 하는가에 관해 잘 말해 준다.

여기서 데일 카네기의 조언을 조금 설명하면, 그가 제시하는 첫 번째 교훈은 '절대 비판하지 말라'는 것이다. 절대 비판하지 말고, 판단하지 말고, 불평하지 말라는 것이다. 타인을 비판하고 판단하고 불평하는 순간 당신은 친구를 잃고, 한 명의 적을 만들게 된다. 그러므로 절대 비판하지 말자.

두 번째로 그가 제시하는 교훈은 첫 번째 교훈만큼이나 중요한 교훈이다. 바로 '칭찬을 아끼지 말라'는 것이다. 모든 사람에게는 특별한 존재로 인정받고자 하는 본능적인 욕구가 있다. 그래서 칭찬을 받으면 누구나 좋아한다. 칭찬을 잘하는 사람은 타인을 최고의 존재로 향상시킬 줄 아는 사람들이다. 상대방의 내면에 숨은 잠재력을 최고로 끌어올려 최대로 활용하는 최고의 방법은 칭찬이다.

세 번째로 그가 제시하는 교훈은 '상대방에게 관심을 보이라'는 것이다. 물론 가식적인 관심이나 다른 목표를 달성하기 위한 가짜 관심이 아니어야 한다. 상대방에게 관심을 보이는 좋은 방법으로 이 책의 저자는 손글씨로 편지 쓰는 일을 추천하기도 한다.

네 번째로 그가 제시하는 교훈은 먼저 '자기 자신의 허물에 관해 이야기하라'는 것이다. 이는 자기 자신을 낮추고 겸손하라는 의미다. 인간은 누구나 잘난 척하는 사람을 싫어하며, 자신을 낮추고 겸손한 사람을 좋아한다. 예의 바르며 겸손한 사람은 인생을 살아가며 많은 이익을 얻는다.

다섯 번째로 그가 제시하는 교훈은 '상대방에게 유익한 것을 제공하라'는 것이다. 상대방의 처지에서 관심이 있는 것, 유익한 것, 좋아하는 것, 원하는 것을 발견하고, 그것을 이야기하고, 제공하라는 것이다.

여섯 번째는 '미소를 지으라'는 것이다. 미소는 호의를 나타낸다. 그리고 보는 이의 하루를 아름답게 만들어 준다. 억지웃음이 아닌 미소는 작은 기적을 일으킬 수 있다. 지금 당장 그저 그런 하루를 보내는 독자들이 있다면, 미소를 지어 보라. 세상을 향한 당신의 작은 미소가 당신의 삶에 작은 기적을 일으켜 줄지도 모른다.

일곱 번째 교훈은 '상대방의 이름을 잘 기억하라'라는 것이다. 이름은 기억해도 그만 안 해도 그만인 것이 아니다. 누군가에게 이름은 수없이 많은 사람들로부터 자기 자신을 구별하고, 세상에서 자신이 단 하나뿐인 존재라는 의미를 지니는 엄청난 가치가 있는 단어 이상의 것이다. 그러므로 타인의 이름을 절대 잊지 말고, 잘못 기억하지 말라. 상대방의 이름을 제대로 기억한다는 것은 상대방의 마음을 얻는 일과 다를 바 없다.

다시 책 얘기로 돌아가, 이 책의 저자가 알려주는 인생 콘셉트 중의 하나는 '무시당하면 슬퍼하거나 노하지 말고, 기뻐하라는 것'이다. 독일 통일에 큰 공을 세웠으며, 독일의 최장수 총리이기도 한 헬무트 콜은 바로 이런 인생 콘셉트를 통해 대성한 인물이다.

정치할 때 그는 많은 이로부터 엄청난 무시를 당했다. 심지어 정적으로부터도 무시당했다. 공개적으로 '그는 완전히 무능력하고, 정신적으로, 정치적으로 기본조차 안 되어 있다'는 말도 들은 적이 있다. 하지만 무시당하고 훼방받을 때마다 그는 분노하거나 좌절하지 않고 오히려 기뻐하는 인생의 콘셉트를 실천했고, 결국 독일 역사의 한 페이지를 장식하는 인물로 대성하였다.

또, 이 책에는 코코 샤넬처럼 당당하게 자신의 길을 걷는 인생 콘셉트도 소개된다. 세상이 뭐라 해도 자신의 길을 당당하게 가는 것은 매우 중요한 인생 콘셉트이다.

또, 라이히 라니츠키처럼 자기 자신을 중요시하는 인생 콘셉트도 매우 중요하다. 자신을 중요시하는 태도가 없다면 우리는 창조적으로, 자율적으로, 인생을 제대로 누릴 수 없다. 노벨문학상을 받은 위대한 작가 토마스 만 역시 자신을 중요하게 여겼기 때문에 위대한 작품들을 써냈다.

이 책의 저자는 마지막으로 자신을 중요시하는 것은 매우 중요하지만, 그것이 지나치면 안 된다고 말한다. 적당한 균형을 잡는 것이 좋다고 강조한다.

자! 당신이 살아가는 데 있어서 가장 필요한 기술, 인생 콘셉트는 무엇인가?

아직 없다면 이 책에 소개된 수많은 인물의 삶의 기술을 통해 당신만의 인생 기술을 찾아보는 것은 어떨까?

꼭 말하고 싶은 것은 세상의 기준에 자신을 맞추지 말고, 세상에 단 하나뿐인 존재가 되겠다고 결단하라는 것이다. 세상의 모범이 되기보다는 세상에서 유일한 존재가 되는 편이 훨씬 더 낫다.

그러므로 이 책이 우리에게 제시하는 삶의 기술들과 교훈들을 명심하자. '삶은 계속된다, 움츠러들지 마라', '끔찍한 지도는 버려라, 그리고 새로 태어나라', '무시당하면 기뻐하라', '실패하기, 다시 실패하기, 더 잘 실패하기', '과시하지 않아도 당신은 매우 화려하다' 등과 같은 교훈을 마음에 새기고 살아 보자. 모범생이 아니라 괴짜가 되어, 당신만의 세상을 만들어 보라.

인생의 모범 답안 같은 지도는 제발 버려라. 인생에 해답은 없다. 자신의 직관을 믿고, 자기 생각을 믿고, 전진하라. 그것이 후회 없는 인생을 사는 유일한 방법임을 자각하라.

이 책에 나오는 거장들은 모두 세상이 제시하는 기준과 한계에 굴하지 않았다. 그리고 그들은 무엇보다도 세상이 아닌 자기 자신의 개성을 더 중요시했고, 세상의 평가와 비난에 굴하지 않았다.

우리에게 필요한 것은 바로 이러한 인생 콘셉트이다. 당신에게 필요한 것은 타인의 삶이 아니라 당신의 개성과 명확한 생각이다. 자신의 개성을 믿고, 명확한 자기 생각이 있는 사람만이 자기 자신을 바꾸지 않고, 세상과 보조를 맞추지 않고, 백 년 동안 명품의 상징이 되어 버린 코코 샤넬처럼, 자신을 더욱더 유일무이한 존재로 만들 수 있다.

세계 최고가 된 28명의 거장의 삶을 통해 우리는 개성을 죽이지 않고, 오히려 위대한 인생을 사는 방법을 배워야 할 것이다. 이제부터 당신만의 개성을 살려 보자. 그것이 당신을 위대하게 만들 것이다. 개성을 결코 무시하거나 과소평가하지 말자. 어른이라면 자기만의 콘셉트를 가져야 한다. 그것이 어른의 삶이다.

book 6

【살아 있는 동안 꼭 해야 할 49가지】

- 탄줴잉

"우리의 진정한 가치는 우리가 자신에게 매기는 값에 달려 있습니다.

자신의 가치는 남들의 평가에서 출발하는 것이 아닙니다.

사람의 가치는 무한하므로 자신의 숭고한 가치를 만들기 위해 스스
로를 연마해야 합니다. 우리 한 사람 한 사람은 모두 '값을 매길 수 없
는 보석'이 될 수 있습니다."

탄줴잉, [살아 있는 동안 꼭 해야 할 49가지], 52쪽

인간의 평균 수명이 100세에 가까워지는 시대이다. 당신은 100세 인생을 어떻게 준비할 것인가?

먼저, 세상에는 두 부류의 사람이 있다.

한 번뿐인 인생을 정말 한 번만 사는 사람과 그 인생을 두세 번이나 더 사는 사람이다. 필자는 후자에 속한다. 처음에는 평범한 직장인으로 살다가 이제는 작가로, 강사로, 기업가로 살고 있기 때문이다.

진정한 어른의 인생은 어떤 인생을 꿈꾸며 어떻게 노력하며 살아가느냐에 달린 것이지, 얼마나 많은 돈을 벌고 얼마나 많은 성공을 이뤘느냐에 달려 있지 않다. 부와 성공, 명성과 지위가 아니라 우리가 하루하루를 어떻게 살아가고 있느냐가 인생의 가치를 결정한다.

우리는 하루하루 어디를 향해 갈 것이며, 어떻게 살아야 할까?

어른의 삶이라면 우선 아이와 달라야 한다. 인생의 방향과 목표가 있어야 한다. 그런 점에서 '우리가 인생을 살아가면서 꼭 해야 하는 49가지'를 이 책의 저자는 독자들에게 제시한다.

49가지 중에 몇 가지를 선정해서 말해 달라면 필자는 먼저 '자신을 소중히 여기는 것'이라고 말하고 싶다. 많은 사람이 눈부신 인생을 제대로 살아 내지 못하는 가장 큰 이유는 자기 자신의 가치를 제대로 인식하지 못하기 때문이다.

우리는 우리 자신의 능력을 항상 과소평가해서, 우리 자신이 천재임에도 평범한 둔재로 생각하는 경향이 너무 심하다. 그 결과 엄청난 일을 해낼 수 있음에도 평범하고 조용한 절망의 삶을 살아간다. 그렇게 삶을 평범하게 살아가는 것은 자기 자신에 대한 기만이다.

한 사람의 가치를 최고로 향상하는 것은 스스로에게도 최고의 인생이고, 인류 발전을 위한 기여이기도 하다. 인류 구성원 한 사람 한 사람의 가치가 향상되는 것은 좋은 일이다. 하지만 많은 사람이 나태하고 게을러서, 혹은 꿈과 목표가 없어서, 그저 눈앞에 생계 문제만을 하루하루 근근이 해결하면서 살아가는 것은, 다람쥐가 평생 매일 쳇바퀴만 돌면서 살아가는 것과 다를 바 없다.

우리는 자신의 가치를 최고로 향상해야 한다. 이때 가장 필요한 것이 자신감이다. 자신감이 없을 때보다 있을 때 자신의 가치를 더 분명히 알 수 있다. 자신감이 있는 사람은 쉽게 포기하거나 좌절하지 않는다. 자신감이 없는 사람이 큰일을 해낸 경우는 없다.

위대한 업적을 남긴 사람들에게는 자신감 말고도 또 하나의 공통점이 있다. 그것은 바로 '즐거움, 재미, 의미를 찾아낼 줄 안다는 것'이다.

자신이 매일 하는 일이 재미있고, 즐거운 일이라면 그것이야말로 천국이지 않을까? 자신이 하는 일에서 재미와 즐거움을 발견할 줄 아는 사람도 행복하지 않을까? 우리가 인생을 살면서 꼭 이뤄야 하는 일 중에 하나가 바로 이것, 자신의 삶에서 즐거움과 재미를 찾는 일이다. 그런 사람은 행복한 사람이고 행복하게 살아 나갈 줄 아는 사람이다. 그래서 이 책의 저자는 살아 있는 동안 꼭 해야 할 49가지 중 하나로 동심을 즐겨 보라고 제안한다. 단 하루라도 동심을 즐겨 보면, 삶의 무게로 잃어버렸던 재미를 발견할 테니 말이다.

이 책의 저자는 날마다 15분씩 책 읽기도 제안한다. 날마다 15분씩 1년이면, 놀랍게도 36권을 읽을 수 있다. 시간이 없어 책을 못 읽는다는 사람들에게 좋은 조언이 될 것 같다. 내가 쓴 다른 책들에서 소개한 [퀀텀 독서법]처럼 효과적인 다독의 기술을 배운 사람은 하루 15분씩 독서를 해도 1년이면 100권 이상을 독파할 수 있다. 참조하기 바란다.

책을 읽는 일은 자신의 인생에 새로운 돌파구를 만드는 일과 같다. 책을 읽는다는 것은 자신의 인생을 새롭게 재창조한다는 것을 의미하기도 한다. 하지만 이렇게 멋진 행위도 행하는 사람에 따라 의미와 가치가 다르다. 얼마나, 어떻게 책을 읽느냐에 따라, 독서 행위를 그저 소일거리에 불과한 취미 생활로 전락시키는 사람도 있고, 눈부신 인생을 사는 원동력인 거대한 위력으로 바꾸는 사람도 있다. 필자는 운이 좋게도 후자에 속했다.

책과 함께 긴 인생을 살아가는 데 필요한 점은 건강을 챙기는 것이다. 건강은 건강할 때 챙겨야 한다. 건강을 잃고 나서 다시 되찾으려고 하면 그때는 매우 많은 돈과 시간과 에너지를 낭비해야 한다.

그런 점에서 이 책의 저자는 건강에 제때 투자하는 것보다 더 좋은 투자는 없다고 말한다. 건강만 하고 재미없는 인생 또한 좋다고 할 수 없다. 우리는 재미있고 건강하고 행복한 삶을 추구해야 한다. 재미있는 삶을 위해 이 책의 저자는 악기 하나쯤은 배워 보라고 조언한다.

사랑하는 사람에게 직접 악기를 연주해 마음을 위로하고 사랑을 표현하는 일이야말로 세상에서 가장 멋진 일이 아닐까?

정말 그런 것 같다. 하지만 누군가 앞에서 자신 있게 악기를 연주할 정도가 되려면 인내심을 가지고 연습하는 과정이 꼭 필요하다.

그러므로 마음을 조급하게 먹지 말고, 인내심을 가져 보라고도 저자는 조언해 준다. 아름다운 꽃을 피우는 데에는 인내심이 필요하다. 밥을 먹으려고 해도 쌀이 밥이 되는 시간을 기다려야 한다. 우물가에 가서 숭늉을 찾아서는 안 된다.

현대인들은 너무나 성격이 급하고 인내심이 부족하다. 그래서 신경 질환자도 많다. 이제 조금 여유를 가지고, 느긋해지자. 그리고 이제부터는 다른 이의 말에 귀를 좀 더 기울이자.

이 책의 저자가 제시한 49가지 중에 하나 역시 상대의 사소한 이야기에도 귀를 기울이며 들어 주는 마음을 갖는 일이다. 이는 타인에 대한 배려이며 상대방에 대한 예의이기도 하다.

또, 저자의 제안 중 필자의 마음에 가장 크게 남는 한 가지는 사소한 것의 위대함을 찾아보는 일이다. 위대함의 시작은 사소함에 있기 때문이다.

많은 사람이 위대해지지 못하는 이유는 사소한 것들을 '정말' 사소하게 생각하기 때문이다. 하루하루의 일상을 사소하게 여기고 사소하게 보낸 사람들은 절대 위대해질 수 없다. 위대한 삶을 살았던 사람들은 사소해 보이는 하루하루의 작은 시간을 철저하게 관리하고 낭비하지 않으며, 치열하게 살았던 사람들이다.

성공은 작은 차이에서 비롯된다. 그러므로 종이 한 장의 차이를 결코 무시해서는 안 된다. 종이 한 장의 차이가 궁극에는 하늘과 땅의 차이가 될 수 있기 때문이다. 필자가 성공한 원인 역시 종이 한 장의 차이를 무시하지 않은 데서 비롯했다.

많은 사람이 종이 한 장 정도의 노력, 작고 사소한 노력을 대수롭지 않게 생각한다. 하지만 필자는 종이 한 장의 차이, 매우 작고 사소한 시간과 노력을 결코 작은 것으로 생각하지 않았다. 그래서 종이 한 장 차이만큼의 작고 사소한 시간에도 책을 읽고 책을 썼다. 그 작고 사소한 티끌이 모여서 결국 3년 만 권 독서를 해냈고, 10년 동안 100여 권의 책을 출간했다.

필자에게 종이 한 장의 노력은 '한 문장 읽기와 쓰기'였다. 책을 읽을 때는 항상 한 문장이라도 더 보려고 했고, 한 문장을 봤을 때는 수십 권의 책을 읽은 것처럼 기쁘고 즐거웠다. 마찬가지로 책을 쓸 때도 한 문장을 쓰면 마치 수십 권의 책을 다 쓴 것처럼 기쁘고 즐거웠다. 필자에게는 작은 것도 큰 것도 하나였기에, 한 문장만 쓰고도 수십 권의 책을 쓴 것과 같은 기쁨과 성취감을 느꼈기에 결국 많은 베스트셀러를 출간하는 사람이 될 수 있었다.

지금도 마찬가지다. 이 논리는 필자에게 변함이 없다. 100여 권의 책을 출간한 작가이지만, 필자에게는 그것이 대수롭지 않다. 오히려 한 문장을 제대로 잘 쓰면 100권 출간보다 더 기쁘고 즐겁다.

큰 것도 작은 것도 구분 없는 것이 사실 이 세상이 아닐까? 우주에 나가면 앞뒤도 없고, 위아래도 없다. 우리는 너무 작은 세상에서 자신을 깎아내리는 것인지도 모른다. 작고 사소해 보이는 것들을 절대로 무시하거나 가볍게 여기지 말자. 반대로 크고 중요해 보이는 것들을 결코 너무 크고 진지하게 생각하지 말자.

이 책의 저자가 제안하는 또 다른 삶의 길은 '자신에게 상 주기'이다. 행복한 사람들은 절대 행복을 위해서 지금 이 순간 자신을 학대하거나 착취하지 않는다. 미래는 존재하는 것이 아니다. 지금 이 순간만이 존재한다. 그렇다면 지금 이 순간 우리는 우리 자신에게 더 많은 기회를 주고, 더 많이 격려해 주고, 더 많은 기쁨을 제공해 줄 삶의 길을 선택해야 한다.

많은 도전을 하다가 실패하고 시행착오를 겪었을 때 우리는 절대 자신을 탓해서는 안 된다. 그것마저도 격려해야 한다. 실패를 많이 했다는 것은 그만큼 더 많은 것을 배웠다는 것을 의미하기 때문이다.

우리는 종종 자신에게 가장 가혹한 것 같다. 한두 번 도전해서 실패하면 그 이후부터는 절대 자신에게 도전 기회를 주지 않는다. 그리고 한두 번 실패하면 자신을 너무나 형편없는 사람으로 평가해 버리고, 평생 그렇게 인식하며 살아가는 것 같다. 하지만 이것은 크게 잘못된 것이다.

많이 실패하고, 많은 시행착오를 겪는다고 해도 그것마저 좋은 경험이고 배움이라는 큰 생각을 할 수 있어야 한다. 필자는 11년 동안 대기업에서 지금의 일과 전혀 상관없는 휴대폰 하드웨어 연구원, 즉 엔지니어로서 직장생활을 했다.

어떻게 보면 이것이 매우 큰 인생 낭비로 생각될 수 있다. 하지만 아니다. 작가로 사는 삶과 전혀 상관없어 보이는 11년 동안의 직장생활은 평생 작가 생활만 했던 사람이나, 직장생활을 한 번도 경험하지 못한 이들이 도저히 느낄 수 없고 생각할 수 없는 것들을 온몸으로 체험한 과정이었고, 그 안에서 배우고 성장한 측면이 훨씬 더 크다. 그래서 보석과 같은 인생 경험이며 배움이었다고 생각한다.

실패의 경험이나 시행착오도 이와 마찬가지다. 이러한 것들은 한 번도 실패해 보지 못한 사람들은 절대 경험할 수 없고 배울 수 없는 많은 것들을 선사한다. 성공보다 실패가 더 많은 것을 경험하고 배우게 한다. 실패했다고 해서 자신에게 너무 가혹하게 벌을 주기보다는 오히려 상을 주는 편이 낫다.

위대한 경영자 중의 어떤 사람은 자신의 직원들이 실패하면 오히려 상을 주겠다고 주문하기도 했다. 그 결과 그 회사는 세계적인 기업으로 도약했다. 우리가 무엇인가에 도전할 수 있다는 것, 실패를 두려워하지 않고 결단하고 행동할 수 있다는 것은 가장 큰 성장 엔진이며 성장의 발판이 된다는 사실을 명심하자.

사람에게는 자신을 사랑하는 법을 배우는 것이 매우 중요하다. 자신을 사랑하는 사람이 되어야 한다. 자신을 사랑한다는 것은 인생을 최고로 살아낼 더 많은 기회를 스스로에게 준다는 뜻이다. 그런 점에서 더 많이 도전하고 더 많이 실패하는 인생이 자신을 사랑하는 인생이다.

인생 최고의 준비는 자기 자신을 사랑하는 데서부터 시작되어야 한다. 자신을 사랑하면 자신의 인생을 최고로 살고자 수많은 도전과 실패를 과감하게 무릅쓸 수 있다. 실패는 지금 당장에는 쓰라리고 아프고 힘들지만, 그러한 고통과 시련을 통해 성장하고 배울 수 있다는 사실을 잊어서는 안 된다.

100년 인생을 준비하는 최고의 방법은 삶에 대한 올바른 자세와 큰 생각이다. 지금 당장 실패하지 않으려는 작고 편협한 생각보다는 지금 당장은 실패하고 힘들고 어렵더라도 더 큰 성장과 배움을 추구하는 도전적인 삶을 살려는 크고 담대한 생각이 올바른 삶의 자세와 태도를 끌어낸다.

　너무 완벽한 삶을 살려 하지 말자. 너무 성공만 하는 삶을 살고자 하지 말자. 실패와 시련과 역경을 통해 우리는 더 많은 것을 배우고, 더 크게 성장할 수 있다. 한두 번 실패했다고 해서 자신을 너무 책망해서는 절대 안 된다. 한 번도 실패하지 않고, 한 번도 어려움을 겪지 않고 살아가려는 생각이 자만이고 욕심이다.

제 3 장

어른은 왜
인생을 사는가?

book 7

【제대로 살아야 하는 이유】

- 멕 제이

"훌륭한 삶을 사는 공식이 따로 있는 것은 아니다. 어떤 삶이 옳거나 그르다고 말할 수도 없다.

그러나 선택과 결과는 분명 존재하므로 20대는 마땅히 자기 앞에 놓인 일들을 알아야 한다.

그래야 미래에 그곳에 도달했을 때 기분 좋은 삶을 즐길 수 있다."

멕 제이, [제대로 살아야 하는 이유], 274~275쪽 인생에서 가장 중요한 시기가 언제인지에 대해서는 사람마다 의견이 분분할 것이다. 필자는 40대가 인생에서 가장 중요한 시기라고 주장한 적이 있다. 필자의 인생이 극적으로 변한 시기가 바로 이 시기이기 때문이다. 하지만 어떤 작가들은 인생에서 가장 중요한 시기가 20대라고 주장한다.

바로 이 책이 그러한 주장을 하는 책 중에 한 권이다. 이 책의 저자는 20대의 10년을 제대로 보내지 않는다면 나머지 50년 혹은 60년의 인생을 책임질 수 없다고까지 말한다.

그 증거로 인생을 좌우하는 가장 결정적인 사건의 80%가 20대에 일어나고, 평생 오를 임금의 70%가 직장 생활을 시작한 지 첫 10년 이내에 오르고, 두 번째이자 마지막으로 급성장하는 시기가 바로 이 시기라고 말한다.

하지만 40대가 훌쩍 넘은 독자라고 해서 걱정할 필요는 없다. 필자의 인생을 바꾼 시기 역시 20대가 아니라 40대였기 때문이다. 그러므로 20대든 40대든 상관없이 이 책이 제시하는 이유만 습득해도 좋은 것이다.

자! 그렇다면 나머지 인생을 제대로 살아내기 위해 어떤 이유와 동기, 어떤 준비와 계획을 해야 할까?

이 질문에 좋은 해답들을 얻기에 충분한 이야기들이 이 책에 담겨 있다. 그래서 이 책을 꼭 두세 번 숙독하기를 권하고 싶다.

이 책의 저자는 독자들에게 한마디로 당부한다. 우물쭈물하기에는 너무 중요한 인생이기에 낭비해서도 안 되고, 흔들려서도 안 된다고 말이다. 즉, 제대로 살지 않는 삶, 제대로 살아내지 못하는 삶은 반성할 가치도, 재고해 볼 가치도 없다고 그는 단언한다. 많은 이들은 이렇게 말한다.

"제 인생은 너무 끔찍해요."

"저의 삶이 이렇게 힘들 거라고 말해 준 사람은 아무도 없었어요."

이런 이들에게 이 책의 저자는 강하게, 그리고 무엇보다 확신 있게 말한다.

너무 거창하게, 너무 기대에 부풀어 살아가려고 하지 말라는 것이다. 오히려 작고 소박한 것들을 실시간으로 해내면서 살아갈 때, 거창하고 기대에 부푼 삶을 살게 될 것이라고 말한다.

문제는 우리가 인생을 너무 기대에 부풀어 살아가려는 무지갯빛 꿈에 취해 있기 때문이라는 것이다. 현실은 그렇지 않다고 이 책의 저자는 자주 이야기해 준다. 그래서 꿈에서 깨어나 현실을 직시하고, 한 걸음 한 걸음 살아내라고 조언해 준다. 방황과 자유는 특권이며 당연한 권리라는 생각에서도 벗어나라고 조언해 준다. 방황할 시간도 없고, 자유에 취해서 시간을 흥청망청 보낼 여유도 없는 시기, 너무 중요해서 단 한 순간도 낭비해서는 안 되는 시기가 바로 우리 인생이라고 냉정하게 말해 준다.

방황, 흔들림, 자유, 혼돈……. 이런 것들을 절대 미화하거나 동경해서는 안 된다고 그는 말한다. 이런 것들은 어른의 특권이 아니라 어른답게 살지 못하게 만드는 마약과 같은 해로운 것들이라고 그는 말한다.

저자의 주장 중에 필자의 생각과 가장 잘 맞는 부분은 지금 이 순간순간이 모여 결국 인생을 구성하게 된다는 주장이었다. 즉, 지금 이 순간순간을 제대로 잘 보내면, 인생을 잘 사는 것이 된다. 많은 사람이 지금 이 순간순간을 너무 많은 고민과 방황으로 흘려보내고 낭비한다.

정작 인생은 바로 지금 이 순간이며, 우리가 제대로 살아낼 수 있는, 우리에게 주어진 허락된 인생이 지금이라는 사실을 우리는 깨달아야 한다. 그런데 많은 이들은 화려하고 멋진 인생을 살기 위해서 남들처럼 사는 일상이 지루하다고 불평하고, 등한시한다.

하지만 일상의 지루한 일들이 당신을 더 프로답게, 더 멋지고 유능한 직장인으로 성장시켜 주는 것임을 잊어서는 안 된다고 이 책의 저자는 말한다. 인생은 생각보다 아름답지 않다는 사실을 명심하고, 눈앞에 닥친 일을 하나씩 처리해 나가는 과정을 통해 인생을 배우는 것이 더 중요하다는 것이다. 그렇게 일상의 일들을 마다하지 않고 더 잘 해낼수록 인생의 기회는 많아지고, 자신의 지위는 높아지고, 세상은 당신을 서서히 온전한 직장인, 사회인으로 인정하게 된다는 것이다.

그는 인생을 누구보다 더 치열하고 바쁘게 독하게 살아야 한다고 주장한다. 그 이유 중의 하나를 그는 뇌도 사용하지 않으면 퇴화하고, 사용하면 더 좋아진다는 원리에 고스란히 적용되기 때문이라고 말한다.

인간은 매일 만나고 말하고 함께 행동하는 사람들을 통해 자극받고 변해 간다. 다양한 사람을 만나고, 다양한 일을 하면서 바쁘게 살아가는 것은 우리에게 더할 수 없이 좋은 자극을 주고, 성장의 기회를 제공하는 것과 다름없다. 하지만 늘 만나던 친구를 만나서 늘 하던 이야기만 하면서 편하게 하루하루를 보낸 20대라면 그런 성장은 고사하고 인생이 갈수록 낭비될 것이다.

초등학생 수준의 사고력과 경험을 가진 사람과 회사를 수십 년 동안 경영해 본 경영학과 박사 출신의 사람이 회사를 경영한다면, 과연 누가 성공하고 실패할까?

모든 것은 사고력과 경험의 문제다. 그러므로, 훌륭한 사고력과 경험을 가지기 위해서는 누구보다 더 바쁘게, 치열하게, 현장에서 온몸으로 부딪히면서 배우고 자신을 성장시켜 나가야 한다.

그래서 그러한 기회를 스스로 마다하지 말라는 것이다. 가장 안타까운 것이 그러한 경험을 배우기에 가장 좋은 하찮은 직장과 직업을 마다

하는 것인데, 그래서는 안 된다고 말한다.

그래서 이 책의 저자는 말한다. 진짜 인생 도전은 일 그 자체라고 말이다. 10년 동안 1주일에 20시간을 일하면, 1만 시간 동안 그 일을 하게되고, 그러면 그 일에서는 전문가가 될 수 있다고 말한다. 아무리 힘들고 어려운 일이라도 자꾸 하면, 어느 순간 덜 힘들고, 또 그 순간이 지나 점점 더 많은 시간 일하면, 어느 순간 그 분야의 전문가로 인정받는 순간이 온다. 그런 점에서 인생을 낭비하고 방황하고 고민만 하며 보낸 사람과 일하며 치열하게 보낸 사람은 달라도 전혀 다를 수밖에 없다.

결국, 화려한 방황보다는 지루한 정착이 훨씬 더 낫다는 것이다. 일할 때 얻는 책임감, 자세, 태도, 마인드는 평생 가는 것이기 때문이기도하다. 화려한 방황보다는 단순한 목표라도 하나 만들고 인생을 보내면 훨씬 더 행복하고 자신 있는 삶을 살 수 있게 된다고 말한다.

마지막으로 이 책의 저자는 독자들에게 조언해 준다. 삶을 계산해 보라고 말이다. 여기서 계산은 경제적인 이해타산을 계산하라는 말이 아니다. 인생의 계획을 수립하라는 말이다. 뿌리 깊은 나무는 바람에 흔들리지 않듯, 계획을 세우고 하나씩 실천해 나가는 인생은 방황만 하다 삶을 흘려보내지 않는다.

고민하고 방황하다가 그 어떤 계획도 실천하지 못하는 인생이 아닌 작고 소박한 일이라도 시작하여 그 일을 통해 좀 더 큰 계획을 수립해 나가며 매일 배우고 자신을 성장시켜야 한다고 이 책의 저자는 우리에게 조언한다.

우리에게 정말 시간이 넉넉한 것이 아닌지도 모른다. 오히려 더 바빠야 하고, 더 치열하게 살아야 한다. 실수하는 것, 능력이 부족한 것은 누구나 당연하다. 그러므로 실수를 두려워하지 말아야 한다.

정작 두려워해야 할 것은 인생 노년이 되었을 때, 그때도 여전히 무능한 자로 남아 있는 것이다. 인생 중반에서 타인을 부러워하지 말고, 누구보다 더 열심히, 더 바쁘게, 더 치열하게 살아간다면 70이 되었을 때 절대 무능한 자로 남지 않을 것이다.

어떻게 살 것인가를 고민만 하다가 아무것도 하지 않는 이들은 무능한 자로 나머지 인생 50년을 보내지만, 치열하게, 바쁘게, 일하면서 보낸 이들은 나머지 인생 50년을 누구보다 더 화려하게 살아가게 될 것이다. 이것이 이 책의 핵심 메시지이다.

인생을 제대로 살아야 하는 이유! 우물쭈물하기에는 인생이 너무 중요하기 때문이다. 서른이 되면 무엇인가가 되겠지, 어떻게 되겠지라는 막연한 기대심리는 곤란하다. 지금 당장 눈부신 미래를 맞이하기 위해 일어나서 행동하고 치열하게 인생을 배울 일을 하라. 실수와 무능력은 앞으로 나아가는 당연한 과정이다.

book 8

【인생의 목적】

- 할 어반

"나는 서른아홉 살이 되어서야 비로소 인생에서 성공한다는 것이 무엇을 뜻하는지를 이해하게 되었다. 성공이란 과연 무엇인가? <포춘>지가 추천하는 500대 회사의 최고 경영인이 되는 것인가? 새로 산 메르세데스 벤츠 자동차를 타고 시내를 누비는 것인가? 복권에 당첨되는 것인가? 텔레비전 프로그램 '백만장자 퀴즈쇼'에 출전해 대상을 받아들고 집으로 오는 것인가? 이런 것들이 진정한 성공은 아니라는 느낌이 들었을 때, 내게 아주 단순하면서도 깊은 생각이 떠올랐다."

할 어반, [인생의 목적], 13쪽

이 책은 성공이 무엇인가에 관한 이야기로 시작한다. 그러면서 절대로 성공과 부는 같은 말이 아니라는 사실을 강조한다. 즉, 성공은 돈을 많이 버는 것, 그 이상이라는 것이다. 우리가 인생을 제대로 살아내고, 성공적으로 인생을 살아간다는 것은 단순하게 돈을 남들보다 많이 번다는 것을 의미하는 것은 절대 아니라고 그는 주장한다.

오히려 그는 성공이란 자신에게 부여받은 능력을 최대한 개발하고 성장시켜 자신의 잠재력을 충분하게 발휘하는 것이라고 말한다. 돈은 그렇게 하기 위한 수단이기도 하고, 그렇게 하고 나서 얻는 결과물이기도 하다는 것이다. 우리가 인생을 제대로 성공적으로 살아내는 데 필요한 교훈들을 이 책의 저자는 이 책을 통해 우리에게 조언해 준다.

먼저 인생은 힘들며 문제의 연속이라는 사실을 그대로 받아들이고, 한탄만 하지 말고 하나씩 해결해 나가라고 말한다. 인생의 가장 가치있는 교훈 한 가지는 인생은 항상 우리가 원하는 대로만 움직여 주지는 않는다는 것이다. 즉, 세상은 우리를 행복하게 해주려고 애쓰지 않는다는 교훈이다.

우리가 이 교훈을 좋아하든 싫어하든 이는 앞으로 인생을 살면서 꼭 명심해야 할 교훈이라고 말한다. 세상의 모든 일이 우리가 뜻하는 대로 되지 않는다는 사실을 받아들인 자는 더는 불평하거나 징징거리지 않는다. 오히려 하루하루를 더 책임감 있게 살아나가게 된다.

우리에게 필요한 삶의 자세는 바로 이것이다. 인생이란 힘든 것이고 언젠가 우리는 죽을 것이다. 그러므로 하루하루를 똑바로 정신 차리고 제대로 살아가야 한다. 원래 인생은 힘든 것이다. 바로 이것이 이 힘든 세상에 힘든 인생을 살아가는 당신이 인생을 그저 허비하고 낭비하고 무의미하게 보내서는 안 되는 이유이기도 하다. 인생은 힘든 것이고, 항상 공정하지도 않다. 하지만 우리를 고통스럽게 하고, 아프게 하는 일들이 우리를 성장시키고 우리를 더 가치 있게 이끌어 간다는 것을 이해할 필요가 있다.

우리를 아프게 하고, 고통스럽게 하는 일들은 우리를 성장시킨다. 하지만 기꺼이 배우려는 사람에게만 그 일이 가능하다. 그런 점에서 똑같이 비슷한 고통을 당해도 어떤 사람들은 그 고통을 통해 어제보다 훨씬 더 크게 성장하지만, 어떤 사람들은 하나도 배우지 못하고 어제와 별반 다른 바 없는 사람으로 남아 있기도 하다. 바로 이런 이유에서 우리는 인생을 제대로 살아내기 위한 노력을 중단해서는 안 된다. 불완전한 우리는 불완전한 세상에서 불완전한 사람들과 함께 사는 셈이다. 하지만 고통과 절망을 통해, 실패와 시련을 통해, 우리는 성장하고 배우고 더 나아가게 된다. 그런 점에서 인생이 고통이어야 하는 제 나름대로 이유가 있는 듯하다. 그렇다. 인생은 고달픈 것이고, 고통이고, 늘 공정하지도 않다. 하지만 인생을 긍정적으로, 신나게, 즐겁고 눈부시게, 살아내지 못할 이유는 하나도 없다. 이 책의 저자는 오히려 그 점을 강조한다.

수만 가지 이유에도 불구하고, 그런데도 인생은 살아볼 만한 가치가 있다. 이러한 인생 찬가가 이 책의 숨은 메시지이다. 고통으로 얼룩져 보이는 인생도, 세상도, 둘러보면 곳곳에 웃을 일이 넘쳐흐른다는 것이다. 그러므로 인생이여, 용기를 내고 살아내라는 것이다.

먼 훗날 돌이켜 보면, 그렇게 아등바등하면서 살았던 것들이 다 코미디와 같은 것인지로 모른다. 그렇다. 우리 주위의 모든 일이 다 코미디와 같은 것이 아닌가!

이 책의 저자는 에디슨과 아인슈타인의 삶을 이야기하면서, 유머와 농담, 휴식과 웃음, 놀이 등이 매우 중요한 요소임을 강조한다. 에디슨은 유머가 마음을 편안하게 해준다는 사실을 알고서는 농담들을 노트 중간마다 적어 두기도 했고, 동료들의 사기를 높이는 데 이용하기도 했다고 한다. 아인슈타인은 자신을 즐겁게 해주는 놀이와 오락을 가볍게 생각하지 않았다고 한다. 오락 속에서 기발한 생각들이 나올 수 있고, 놀이와 오락을 통해 삶의 긴장을 풀어 건강한 몸과 마음을 유지할 수 있기 때문이다.

인생은 고통이고 공평하지 않기 때문에, 우리에게 필요한 처방전이 바로 이것들일 것이다. 우리는 자주 어린아이처럼 행동해야 할 필요가 있다. 나중에 해야 할 일을 미리 걱정하지 말고, 심지어 생각조차 잊어 버리는 것은 매우 중요한 삶의 태도일 수 있다.

성경책에도 나오는 말인데 '마음이 즐거우면 앓던 병도 낫고, 속에 걱정이 있으면 뼈도 마른다'라는 말도 있듯, 우리는 웃음이 최고의 치료제이며, 보약이라는 사실을 알아야 한다. 웃음은 최고의 약일뿐만 아니라 최고의 면역제이며, 인생의 강장제이며, 관계를 좋게 하는 최고의 윤활유이다. 이런 웃음을 마다한다는 것이 너무 큰 낭비가 아니면 무엇일까?

"취직도 안 되어 무직자이고 백수이고 스펙도 학벌도 없고, 미래는 불투명한데 어떻게 바보처럼 웃을 수 있습니까?"라고 반문하는 20대가 있을 수 있다. 물론이다. 이런 질문을 하는 것은 당연하다. 하지만 이 책의 저자는 바로 그런 상황에서도 웃어야 한다고 말한다. 오히려 그런 상황이라면 더 웃으면서 살아야 한다고 조언해 준다.

그렇다면 어떻게 해야 웃을 수 있을까? 저자는 세상과 인생과 자신을 보는 관점을 바꾸면 가능하다고 말한다. 자기 자신에 대해서, 인생에 대해서 너무 심각하게 받아들이는 사람은 절대 웃을 수 없다. 하지만 자기 자신에 대해서 웃을 줄 아는 사람이 된다는 것은 자기 자신조차도 제3자의 관점에서 좀 더 큰 시야를 가지고, 별일 아닌 것으로 바라본다는 것을 의미한다. 그래서 자기 자신에 대해 웃을 줄 아는 사람이야말로 인생을 제대로 즐길 줄 아는 사람이라고 이 책의 저자는 말한다.

이것은 '사소한 것에 목숨 걸지 말라'라는 책의 메시지와 일맥상통한다. 이 세상에 모든 일을 사소한 것으로 생각하고, 목숨 걸지 말고, 여유를 가지면, 조금 더 즐겁고 신나는 살 만한 인생이 된다는 것이다.

존경하는 의사인 빅터 프랭클 박사는 자신의 여러 저서를 통해 인생에서 이미 일어난 일 자체보다 더 중요한 것은 우리가 그 일을 어떻게 생각하는지라고 말한다.

나는 빅터 프랭클 박사의 책을 여러 권 읽어 본 경험이 있는데, 그는 최악의 상황에서, 우리는 경험할 수 없는 상황에서도 인생을 제대로 살아냈다. 그가 가진 모든 재산, 가정, 아내와 자식, 병원, 모든 소유물을 그는 하루아침에 히틀러 정권에 다 빼앗겼다.

만약 이 정도가 다였다면 감사할 수 있을 것이다. 그는 여기서 더 나아가 죽음의 수용소에 끌려가 인간 이하의 상황에서 하루하루를 비참하게, 참혹하게 버티며 살아냈다. 그가 밝힌 가장 힘든 순간은 타인의 괴롭힘도, 수용소 안에서 겪었던 야만과 참혹함도 아니었다. 바로 함께 수용소에 끌려온 동료들이 더는 삶에 대한 이유를 찾지 못한 채 스스로 삶을 포기하는 것을 지켜보는 것이었다고 한다.

우리가 어떤 상황에서도 마지막으로 빼앗길 수 없는 것은 바로 삶에 대한 우리의 자세와 태도다. 똑같은 최악의 상황에서 빅터 프랭클은 동료들과 다른 삶을 선택했고, 삶에 대한 올바른 자세와 태도를 포기하지 않았다. 그 덕분에 그는 위대한 학자로 일가를 이루었고, 많은 이들에게 용기와 희망을 주는 사람이 될 수 있었다.

이 책의 저자는 왜 태도가 그토록 삶에서 중요한 것인가에 대해 이렇게 말한다. 우리가 갖는 태도가 우리가 살면서 하는 생각과 행동에 가장 큰 영향을 미치기 때문이라고. 그리고 그 증거로 하버드, 스탠퍼드 대학 등에서 발표한 연구결과를 이야기한다.

연구 결과의 핵심은 재능이나 교육, 특기, 운보다 태도가 더 중요하다고 말한다. 인생에서 성공의 85%가 태도로 결정되고, 나머지 15%가 능력 때문이라고 한다. 즉, 모든 성공은 우리가 바른 태도를 형성하는 데서부터 비롯된다는 것이다. 긍정적인 태도를 보인 사람은 최선을 기대하고, 부정적인 태도를 보인 사람은 최악을 기대한다는 것이다. 어떤 태도를 보이느냐가 우리 인생을 결정한다.

이 책의 저자는 좋은 태도를 보이기 위해서 인생에 접근하는 세 가지 방법을 이렇게 말한다.

편견 없이 넓은 마음을 가지고 세상의 시류에 편승하지 말고, 스스로 생각하고, 건설적으로 생각해야 한다는 것이다. 태도는 우리의 생각과 행동을 결정짓는다. 그래서 중요하다. 우리의 생각과 행동은 결국 모이고 모여서 습관이 된다. 그리고 그 습관은 결국 성공한 사람과 실패한 사람을 가르는 중요한 조건이 된다.

인간은 습관의 동물이라는 사실을 그는 빼놓지 않고 조언해 준다. 아침에 일찍 일어나 독서하고 운동하는 습관을 들인 사람들은 좀 더 성공적으로 인생을 살아낼 수 있다. 반대로 매일 늦잠을 자고, 시간을 빈둥빈둥 보내는 사람들은 인생을 제대로 살아내지 못할 것이 뻔하다.

가진 것이 없다고 불평하지 말고, 이미 가진 것들에 감사하는 생활 습관을 선택하는 것이 중요하다고 그는 조언해 준다. 인생을 바라보는 가장 건강한 방법은 우리에게 주어진 모든 것에 감사하는 것이라고 덧붙인다.

인생을 제대로 살아내기 위해서 우리에게 필요한 것 중의 하나는 존경이라고 이 책의 저자는 말한다. 먼저 인생을 존경하라고 그는 말한다. 인생을 존경한다는 것은 인생을 소중하게 여기고, 인생과 그 인생을 허락하신 신과 주위의 다른 사람과 모든 일에 대해서 사랑과 감사를 느끼고 그렇게 행동하는 것이라고 말한다.

특히 저자는 슈바이처 박사의 삶을 통해, 우리가 다른 사람과의 관계에서 무엇보다도 정직하고 진실하지 않고서는 인생을 존경할 수 없다고 조언해 준다. 정직이야말로 진정으로 인생을 존경하고 제대로 살아내기 위해 우리가 갖추어야 할 기본 자질이라고 그는 말한다. 정직하지 못하면, 그것도 한 번 정직하지 못하면 그것이 악순환으로 이어지고, 한 번 빠지면 헤어 나오기 더 힘들어지기 때문이다. 정직하지 못하면 그건 곧 사기꾼이 된다는 것을 의미한다. 그뿐만 아니라 정직하지 못하면 결국엔 대가를 치르게 되어 있다.

이 책의 저자가 조언해 주는 인생을 제대로 살아가는 또 다른 방법은 칭찬과 친절이다. 칭찬할수록 주위 사람들은 성장하고 개선되고, 친절을 베풀수록 비용을 들이지 않고도 더 많은 것들을 이룰 수 있기 때문이다. 이 책의 저자는 노력하는 것, 열심히 일하는 것을 매우 중요한 성공의 요소라고 말한다. 특히 그는 힘들게 일하는 것이 인생을 제대로 살아내는 데 매우 중요하다고 말한다. 힘든 일은 인생이 힘든 것이라는 사실에 직면하게 해주고, 불굴의 성격을 형성시켜 주고, 인생과 자기 자신을 스스로 존경하고, 자신의 잠재적 능력을 알게 해주기 때문이라고 한다.

이 책의 독자들이 이 사실을 명심하면 좋겠다. 눈부신 성공과 보상은 매일매일 반복되는 적은 노력의 총합이라는 사실을 말이다. 실패한 사람과 성공한 사람의 차이를 가르는 것 중에 또 다른 하나는 시간이다. 실패한 사람들은 그저 시간을 죽이고, 낭비하고, 꾸물거리고, 자신에게 주어진 시간을 당연한 것으로 여기고, 시간을 만들어 낼 필요도 이유도 못 느낀다. 하지만 성공한 사람들은 항상 시간을 제대로 사용하고, 현명하게 보내고, 시간을 무엇보다 더 소중하게 생각하고, 어떻게 해서든 더 많은 시간을 만들어 내려고 노력한다.

바로 이것이다. 성공하는 사람의 시간과 실패하는 사람의 시간은 전혀 다른 성격을 가진다.

성공하는 사람들은 돈보다 시간을 더 중요하게 생각한다. 그래서 더 많은 돈을 벌게 된다. 하지만 실패하는 사람들은 시간이 중요한 줄 모르고, 시간을 낭비해서라도 돈을 벌려고 한다. 그 결과 돈을 많이 벌 수 없는 사람으로 전락하게 된다.

인생을 제대로 살아내는 데 필요한 것들 중의 하나는 몸과 마음의 건강이다. 그런 점에서 인생이란 균형을 잘 잡아 가는 과정이라고 그는 말한다. 몸과 마음이 너무 약해져 있다면 그 어떤 큰일도 해낼 수 없고, 온전하게 자신의 삶을 살아낼 수 없다. 그런 점에서 몸과 마음을 강건하게 하고, 튼튼하게 만드는 것은 매우 중요하다. 우리나라가 임진왜란 때, 일제 35년 동안 고통을 받은 한 가지 이유는 너무 무사안일하게 나라의 국력과 정신력을 강하게 하지 않았기 때문이다.

이와 마찬가지로 한 개인에게 있어서 몸과 정신을 강하게 만드는 것은 살면서 어떤 일을 당해도 의연하게 이겨낼 토대가 될 뿐만 아니라 제대로 인생을 살아내고 거기서 한 발 더 나아가 더 큰일을 하는 토대가 되어 준다.

그러므로 하루하루 안이하게 편하게 그저 몸과 마음을 허약하게 쇠

퇴시키면서 살아가는 인생은 용서할 수 없다. 평생 살면서 몸과 정신을 강하게 만들기 위해 부단하게 노력해야 한다.

저절로 건강하게 살 수 있다고 생각하는 것은 자만이다. 저절로 성공하고, 저절로 운이 좋아서 눈부신 인생을 살게 될 것으로 생각하는 것은 오만이다.

세상에는 공짜가 없다. 세상은 정확하다. 당신이 그만한 가치가 있으면 그만큼 눈부신 인생을 살아내게 되어 있다. 인생을 제대로 살아내기 위해서는 도전하고 행동하게 해주는 용기가 필요하다. 이러한 용기조차 저절로 생겨나는 것은 아니다. 부단히 자신을 갈고 다듬고 도량을 닦아야 한다.

마지막으로 이 책의 저자가 우리에게 조언해 주는 항목은 우리의 영혼에도 때로는 휴식이 필요하다는 사실이다. 그는 몸과 마음이 그렇듯이, 영혼도 휴식이 필요하고, 영양이 필요하다고 말하면서 인생을 진정으로 이해하기 위해 할 수 있는 유일한 방법이 신을 찾는 것이라고 말한다.

"몸과 마음이 영양과 적절한 운동을 필요로 하듯이, 영혼 역시 영양과 운동을 필요로 한다. 또한 내 자신은 어디에서 왔는가? 내가 왜 여기 있는가? 나는 어디로 가고 있는가? 그 답을 추구하는 동안 우리의 영적인 본성을 키우고 계발시킬 뿐만 아니라, 인생과 우리 자신에 대해 중요한 발견을 하게 된다. 그중 하나는, 오래전부터 내려오는 정직과 친절의 가치는 모든 위대한 영적 가르침의 중심에 있다는 것이다."

같은 책, 291~292쪽

이 책을 읽는 독자들에게 그가 당부하는 말은 깊고 심오한 철학적인 이야기가 아니다. 단순한 인생의 규칙들을 잊지 말고, 매일 지켜 나가라는 것이다.

그리고 그가 제시하는 단순한 인생의 규칙들을 정리하면 이렇다. 어떤 환경에 처하더라도 진실한 태도를 보이라는 것, 성실을 인생의 기본으로 삼고, 매사에 정직하고, 올바르게 행동하라는 것, 인생의 모든 어려움과 도전을 받아들이고, 실패해도 포기하지 말라는 것, 배우고자 하는 열정을 잊지 말라는 것, 인생을 즐기면서 놀기도 하고, 쉬기도 하면서 무엇보다 웃음을 잃지 말고 살아내라는 것 등이다.

book 9

【인생에 리허설은 없다】

- 청샤오거

"행동이 항상 행운을 가져다주는 것은 아니다.

하지만 앉아서 아무것도 하지 않으면 절대로 어떤 행운도 없다.

좋은 일에는 방해가 많게 마련이다.

많은 심혈과 노력을 쏟지 않으면 큰일을 해낼 수 없다.

호두를 먹고 싶으면 먼저 딱딱한 껍질을 깨야 한다."

청샤오거, [인생에 리허설은 없다], 5쪽

이 책의 저자는 우리에게 말한다. 인생은 연극과 같지만, 리허설은 없다고 말이다. 즉, 인생은 단 한 번뿐이라고 말한다. 그러므로 바로 지금 이 순간을 붙잡고 움켜잡고 나아가라고 말한다. 인생에 언젠가는 없다. 현재를 즐기고, 현재에 집중하여 지금 이 순간을 올바르게 살아내는 것이 미래도 준비하는 것이다.

연극에는 리허설이 있다. 그래서 리허설 때는 실수를 해도 좋고, 다시 한번 할 기회도 있지만, 인생은 리허설이 아니다. 바로 본 무대이고 한 번뿐이다. 지금 이 순간이 가장 중요하다.

인생이란 생각보다 짧다. 이렇게 짧은데 왜 자신의 것이 아닌 것에 애써 집착하고, 결과에 연연하는가? 중요한 것은 과정이고, 지금 이 순간이다. 한 번뿐인 인생, 리허설이 없는 소중한 인생을 우리는 어떻게 살아가야 할까?

이 책은 이러한 중요한 질문에 많은 깨달음을 주는 책이다. 이 책의 저자는 말한다. 인생에서 가장 큰 즐거움은 무언가를 성취하는 데 있는 것이 아니라, 그것을 향해 나아가는 과정에 있다고 말이다. 그리고 이런 깨달음을 주기 위해 이 책의 저자는 세상에서 가장 소중한 것은 얻지 못한 것도, 잃어버린 것도 아니라 바로 지금 이 순간 당신이 느낄 수 있는, 누릴 수 있는 행복이라고 말한다.

필자는 대한민국에서 도서관 강의를 가장 많이 하는 사람 중의 한 명일 것이다. 심하면 일주일에 6일 도서관 강의를 한 적도 있다. 그런데 도서관 강의에 갈 때, 가장 많이 강의하는 주제는 두말할 것도 없이 '위대한 인생'이다. 조금 더 구체적으로 말하자면, '독서로 위대한 인생을 사는 법'이다. 그리고 그다음이 '나는 도서관에서 기적을 만났다'이다.

'독서로 위대한 인생을 사는 법'을 강의하면 수백 명의 청중이 오기도 한다. 그 이유는 무엇일까? 자신의 인생이 단 한 번뿐이고, 소중한 것이라는 사실을 잘 알기 때문이다.

단 한 번뿐인 인생을 좀 더 가치 있게, 위대하게 살아 보고 싶은 것은 인간의 가장 중요한 본능이기도 하다. 문제는 어떻게 살아야 그렇게 할 수 있느냐 하는 것이다. 필자는 운이 좋게도 도서관에서 많은 책을 통해 그 비결을 터득하였다. 필자가 도서관에서 3년 동안 만 권에 가까운 책을 읽고 터득한 것은 너무나도 많다. 그중 한 가지가 책을 쓰는 방법이고, 또 다른 하나는 제대로 책을 읽는 방법이다.

많은 사람이 독서하는 방법을 굳이 왜 배워야 하는가에 의문을 제시한다. 그저 글자를 알고 글을 읽을 줄 알면 되는 것이 아니냐고 반문하기도 한다. 하지만 그렇지 않다.

독서하는 법은 스키 타는 법처럼 제대로 배워야 하고, 오랫동안 숙달되어야 한다. 위대한 천재 괴테도 80년 동안 책 읽는 방법을 배웠지만, 아직도 완벽하지 못하다고 토로한 적이 있다.

필자 역시 3년 동안 밥만 먹고 독서만 했지만, 아직도 부족한 것이 많다. 다행히 10년이 지난 지금은 5,000명이 넘는 사람에게 독서법을 가르쳤다. 책 읽는 대한민국을 만드는 데 미력하지만 일조한다는 거창한 사명보다 더 중요한 것이 있다. 독서가 스트레스인 사람에게 독서가 좀 더 편해지고 즐거워지도록 했다는 점이다. 독서가 즐거워지면, 독서를 더 많이, 제대로 할 수 있다. 그로 인해 독서를 통해 자기계발과 성장을 할 수 있다.

일본, 미국, 중국 국민보다 한국 국민의 독서의 두께, 양, 질, 수준, 차원이 매우 얄팍하고 낮다. 인정할 것은 인정해야 한다. 미국, 중국, 일본에는 독서 고수들이 적지 않고, 1만 권, 2만 권, 3만 권 이상 독파한 독서의 대가들도 적지 않다. 하지만 한국 국민 중에 1만 권, 2만 권, 3만 권 이상 독파한 독서의 대가들은 찾아보기 힘들다.

물론 가장 일을 많이 하는 국민이기 때문에 상대적으로 책 읽을 시간이 적다는 것은 현실이자 핑곗거리가 된다. 하지만 근본 원인은 다른 데 있다. 바로 효과적으로 독서를 제대로 하는 법, 즉 퀀텀 독서법과 같은 효율적인 다독의 기술, 다독을 위한 독서법을 제대로 전문가에게 배워야 한다는 사실조차 인식하지 못한다는 것이다. 그러므로 독서법에 관심이 있는 독자들은 대한민국 넘버원 책 쓰기 독서법 학교인 '김병완 칼리지(네이버카페)'나 유튜브 채널 '김병완 TV'를 방문해 보기를 추천한다.

시간은 인생에서 가장 중요한 것이다. 그 어떤 것보다 최고의 부는 시간이다. 지금 이 순간이 당신 인생의 최고의 순간임을 명심해야 한다. 시간은 결코 우리를 기다려 주지 않는다. 하지만 그렇다고 해서 우리가 조급해하고 성급해한다면 그것도 좋지 못하다.

경계해야 하는 것은 느리게 가는 것이 아니라 멈추고 포기하는 것이고 시작도 하지 않는 것이다. 천천히 느리게 가는 사람들은 절대 흔들리지 않고, 크게 낭패를 보지 않는다. 하지만 조금 빨리 가는 사람들은 작은 일에도 크게 흔들릴 수 있고, 크게 낭패를 볼 수도 있다. 천천히 가는 것이 좋은 인생 전략이다. 그러므로 타인과 비교하지 말고, 친구들과 비교하지도 말아야 할 것이다.

우리의 과거는 이미 존재하지 않는 것이고, 우리의 미래는 아직 오지 않은 것이다. 그러므로 과거를 절대 후회하지 말고, 후회해도 소용없으므로, 미래를 걱정하지 말고, 걱정해도 소용없으므로, 지금 이 순간을 즐기고 누리고 제대로 살면 된다.

단 한 번뿐인 인생을 제대로 살아내기 위해 중요한 것들 중의 하나는 마음이다. 마음을 열면 세상이 달라 보인다. 바다보다, 하늘보다, 우주보다 더 넓은 것이 인간의 마음일 수 있기 때문이다.

마음을 바꾸면 지옥과 같은 현실도 천국이 될 수 있다. 반대로 모든 것을 다 가진 억만장자라도 마음이 좁으면 천국과 같은 현실도 지옥이 되어, 온종일 불평과 불만과 불행 속에 살게 되기도 한다. 부와 명성에 집착하는 것도 결국은 마음의 문제이다. 부와 명성보다 더 큰 가치와 의미를 마음속에 담아 두는 사람은 부와 명성에 집착하지 않는다. 그 결과 더 자유롭게 살아갈 수 있다. 걱정과 근심으로 가득 차 있는 비관적인 사람들은 살아 있지만 죽은 것과 마찬가지로 힘겹고, 어렵고 웃어도 웃는 것이 아니다. 하지만 걱정과 근심에 사로잡히기보다는 결과나 미래에 연연하지 않고, 지금 이 순간을 살아가는 사람들은 최고의 순간순간을 제대로 살아가는 사람들이다.

그러므로 하루하루 최고의 순간을 살아가자. 걱정과 근심과 염려를 하는 사람은 그것에 사로 잡혀 노예가 되는 사람들이다. 하지만 결과나 미래에 집착하지 않고, 하루하루 살아내는 사람이 되면 진정 자유로운 사람이 되어, 인생을 제대로 살아가게 된다.

인생을 낭비하지 않기 위해서 우리에게 필요한 한 가지는 바로 행동이다. 오늘 할 일을 내일로 미루는 사람은 행동력이 부족한 사람이다. 이렇게 미루는 것이 습관이 되어 버린 사람은 그 어떤 변화와 성장도 이룰 수 없고, 인생을 제대로 가치 있게 살아갈 수 있는 사람도 아니다.

행동하는 사람이 되기 위해 완벽한 때를 기다려서는 안 된다. 그렇다고 성급하고 조급하게 일하라는 것은 아니다. 매일매일 조금씩 전진해 나가는 것, 매일 행동하는 것이 중요하다는 말이다.

우리가 가진 모든 힘과 자원을 우리 자신을 발전시키고 성장시키기 위해 쏟아야 한다. 그런데 어떤 사람들은 타인을 비판하고, 부정적인 방법으로 돈을 모으는 데 힘을 낭비한다. 이런 사람들은 자신의 원하는 소기의 목적을 달성해 낸다고 해도 그 어떤 발전이나 성장을 기대하기 힘들다.

우리는 자신에게는 엄격해야 하지만, 타인에게는 관대해야 한다. 하지만 많은 이들이 반대로 행동하고 반대로 살아가는 듯하다. 이렇게 살아가는 사람들은 더 이상의 발전과 성장이 없으므로 어제와 별반 다른 바 없는 오늘을 평생 반복하면서 산다.

하지만 자신에게 엄격한 사람들은 어제와 오늘이 달라도 뭔가는 다르고, 오늘과 내일이 달라도 뭔가 다르다. 꾸준히 다르고 성장하고 변화한다. 그래서 그러한 변화와 성장이 매일매일은 작고 보잘것없지만, 몇 년이 지나면 축적되어 큰 것이 되고, 몇 십 년이 지나면 도저히 상상도 할 수 없을 만큼 큰 성장과 발전을 이루게 된다.

이 책의 저자는 말한다. 버려야 얻을 수 있다고 말이다. 눈앞에 있는 사소한 이익을 희생할 수 있어야 더 큰 이익을 얻을 수 있다고 말한다. 그래서 우리가 어떤 생각을 가지고 살아가느냐가 매우 중요하다고 말한다. 우리의 생각이 결국 어떤 선택을 하면서 살아갈 것인가를 결정하기 때문이다.

　일과 삶에 지쳐서 허덕이며 항상 피곤한 상태로 살아가는 사람이 되어서는 안 된다. 일과 삶에 열정적으로 신나 하면서도 항상 최상의 상태를 유지하면서 살아가는 사람이 되어야 한다. 이 차이를 결정하는 것은 우리의 선택이 전부다.

　자신에게 주어진 시간을 TV를 보거나, 술을 마시면서 소모적인 일에 모두 써버릴 것인지, 운동을 하고, 취미 생활을 즐기고, 도서관에 가서 책을 보면서 에너지를 충전하는 일에 써버릴 것인지를 선택하는 것은 우리 자신이다.

　인생의 묘미는 타이밍과 선택에 있다. 우리가 빈둥빈둥 시간을 낭비하고 허비하는 것과 적절한 시간에 휴식과 놀이와 취미 생활을 즐기는 것은 전혀 다른 일이다.

　우리에게 주어진 시간은 바로 지금 이 순간뿐이다. 하지만 지금 이 순간 우리가 어떤 생각을 하고, 어떤 선택을 하고, 어떤 행동을 하느냐에 따라서 건강하고 행복하고 특별한 내일을 맞이할 수도 있고, 그 반대가 될 수도 있다. 하루하루 따분하게 살아가는 것은 가장 큰 죄악이다. 하루하루 가슴 설렘과 떨림으로 눈부신 하루를 보내는 것은 가장 큰 행복이고 즐거움이다. 오늘 할 일을 내일로 미루지 마라. 내일이 되면 이미 너무 늦어진다. 오늘 할 일은 오늘 해야 한다.

제 4 장

어른의
행복이란
무엇인가?

book 10

【부와 행복의 놀라운 성공법칙 28가지】

- 샌드라 앤 테일러

비관적이든 낙관적이든, 괴로운 인생이 되든 즐거운 인생이 되든 당신이
선택하는 것이다. 우리는 하루에도 수없이 많은 결정을 한다.
우리 스스로 기뻐하려고 결정하면, 온 우주가 기쁨을 되돌려줄 것이다.

샌드라 앤 테일러, [부와 행복의 놀라운 성공법칙 28가지], 306쪽

이 책의 저자는 말한다. 인생에서 성공은 운이 좋은 어떤 사람에게 우연히 일어나는 사건이 아니고, 정해진 우주의 법칙에 누군가가 따를 때 일어나는 의식적이고 과학적인 창조 행위라고 말이다.

그리고 그것을 설명하기 위해, 양자역학이라는 물리학과 부와 행복의 성공법칙을 접목시켰다. 그가 주장하는 부와 행복의 성공법칙은 통틀어 28가지이지만, 크게 나누면, 우주 법칙 7가지, 성공에 필요한 힘 6가지, 성공으로 이끄는 에너지 5가지, 성공으로 가는 단계 4가지, 성공의 보이지 않는 도우미 3가지, 성공하기 위해 버려야 할 2가지, 그리고 마지막으로 성공의 길을 가기 위한 한 가지 길로 나눌 수 있다.

이 중에서 필자는 성공에 필요한 6가지 힘과 성공으로 가는 4가지 단계, 그리고 성공하기 위해 버려야 할 2가지, 성공의 길을 가기 위한 한 가지 법칙에 관해 이야기를 나누고 싶다.

먼저 이 책의 저자는 부와 행복이 넘치는 인생을 살기 위해서 가장 먼저 변화에 필요한 힘은 포기하는 힘이라고 말한다. 다소 역설적으로 여겨질 수 있다. 하지만 틀린 이야기는 아니라고 생각한다. 그 이유는 필자 역시 먼저 포기할 줄 알아서 이만큼 성공했기에 누구보다 포기하는 힘의 위력을 잘 알기 때문이다. 새로운 무엇인가를 건설한다는 것은 기존의 것을 파괴해야만 가능하다. 기존의 것을 파괴하지 않고, 버리지 않으면 혁신은 있을 수 없다. 이런 사실을 그 역시 누구보다 잘 알았다.

진정한 성공을 원한다면 도움이 되지 않는 과거의 잘못된 생활양식들을 포기할 줄 알아야 한다. 규칙적으로 운동하는 것은 낡은 에너지를 일소하고 새로운 에너지를 생성해 내는 데 중요한 역할을 한다. 우리의 정신은 끊임없이 에너지를 만들어 낸다. 그래서 부정적인 생각과 낡은 사고방식을 포기할 줄 알아야 한다.

특히 비판이나 평가, 걱정과 같은 낡은 사고방식에서 벗어나는 것이 중요하다고 이 책의 저자는 말한다. 무엇인가를 배우고 성장하기 위해 가장 먼저 해야 하는 것이 버리는 것이다. 과거의 낡은 생활양식과 부정적인 사고방식을 버릴 줄 알아야 한다. 물질이나 그 무엇인가에 대한 집착 역시 절대로 버려야만 하는 것이라고 한다.

성공하는 데 필요한 두 번째 힘은 의식의 힘이다. 의식이 현실을 창조한다는 사실을 인류는 이제 조금씩 받아들이는 것 같다. 의식은 아주 강력한 에너지다. 의식을 창조하는 열쇠는 우리의 지각이다. 현실에 대한 지각은 화학적 반응을 일으키고, 그 반응들은 더 큰 감정을 생성하고, 유지한다. 그 결과 의식은 상상력을 자극하고, 더 큰 기대를 만든다. 이러한 것들이 융합하여 의식하기 전에는 존재하지 않았던 새로운 것들을 우리는 창조해 내게 된다. 이것이 의식의 힘이다.

그래서 자신의 성공을 더욱더 생생하게 상상하는 능력은 매우 중요하다. 그렇게 할 수 있어야 제대로 눈부신 성공을 기대할 수 있고, 가슴 뛰는 나날을 맞이할 수 있다.

성공에 필요한 세 번째 힘은 에너지의 힘이다. 건강하고 매력적이고 긍정적인 에너지를 발산할 수 있는 사람이 되면 건설적이고 긍정적인 일과 사람들이 동조를 일으켜 몰려들고 가까워진다.

성공에 필요한 네 번째 힘은 의도의 힘이다. 우리는 우리가 창조하고 싶은 것을 항상 생각해야 한다. 하지만 잘못 의도하면 안 된다. 그것을 이 책의 저자는 '절망적인 의도'라고 말한다.

즉, '이 일이 잘 되어야만 나는 성공할 수 있어', '다른 사람들보다 앞서야 마음이 놓일 거야', '빨리 그렇게 되도록 서둘러야 해'와 같은 의도들은 부정적인 에너지를 만들어 버린다. 하지만 '내게는 나 자신을 행복하게 하는 힘이 있어', '오늘 하루도 매우 성공적이었어', '나 자신을 인정하기로 선택하는 거야', '지금 당장 나 자신을 신뢰하고, 두려움을 버리자' 등과 같은 의도들은 희망적인 의도이며, 우리 자신을 더 평화롭게 하고, 더 활력이 넘치게 해준다.

성공에 필요한 다섯 번째 힘은 선택의 힘이다. 오늘 우리의 선택이 결국 내일 우리 인생의 부와 행복을 결정짓는다는 사실은 당연한 이야기다. 두려움과 걱정에서 벗어나 스스로 자유로워질 것을 선택하는 것은 특히 더 중요하다. 부정적인 태도보다 긍정적인 태도를 선택하고, 타인에 대해서도, 목표에 대해서도 좀 더 좋은 태도를 선택해야 한다.

성공에 필요한 마지막 힘은 사랑을 베푸는 힘이다. 사랑을 베풀고자 결단하면 알지 못하는 엄청난 에너지가 나오고, 실패할 리가 없다.

또, 성공으로 가는 첫 번째 단계는 목표를 설정하는 것이다. 목표를 향해 매일 꾸준히 조금씩 전진해 가는 사람을 막을 길은 없다. 중요한 목표를 설정하고 그것을 추구해 나가기 위해서는 엄청난 집중력이 필요하다. 인내와 끈기도 필요하다. 그래서 목표를 달성하는 것뿐만 아니라 달성 과정 하나하나를 즐겁게 수행해 나갈 수 있느냐 없느냐 하는 것이 매우 중요하다.

이와 더불어 중요한 두 번째 단계는 목표를 달성하기 위한 구체적, 단계적인 계획을 세우는 것이다. 이 단계에서 중요한 것은 현실적으로 실천 가능한 일정과 계획을 세우는 것이고, 그것을 실천하는 것이다.

세 번째 단계는 매일매일 실천하는 것이다. 그 어떤 변명도, 그 어떤 설명도, 그 어떤 핑계도 불필요하다. 매일 실천하고 성과로 보여 주어야 한다. 실천이 없는 계획은 한심한 백일몽일 뿐이다. 오히려 계획 없이 행동하는 행동가들이 많은 생각을 하는 몽상가들보다 훨씬 더 많이 인류 역사를 바꾸어 놓았다. 행동가들은 행동하면서 계획하지만, 몽상가들은 평생 계획만 하고 말기 때문이다. 매일 실천하는 것은 성공으로 가는 가장 중요한 요소가 아닐 수 없다.

네 번째 단계는 집착을 버리고 계속 실천해 나가는 것이다. 목표에 집착하는 것과 매일 목표를 생각하는 것은 하늘과 땅 차이만큼 크다. 실패하는 사람들은 보통 집착하는 사람들이고, 성공하는 사람들은 매일 목표에 대해 생각하는 사람들이다. 이 책의 저자가 성공으로 가는 네 번째 단계로 집착을 버리고 계속 실천할 것을 언급한 이유는 목표에 집착하면 할수록 생기는 부정적인 영향들 때문일 것이다. 목표에 집착하고 매달릴수록 초조해지고, 조급해지고, 안달하게 되고, 의욕이 저하되고, 비참해진다. 집착하는 사람들은 결국 이렇게 생각한다. '이것이 안 되면 절대 행복해질 수 없어', '저것 없이는 절대 성공하지 못할 거야'. 하지만, 이런 종류의 생각은 결국 자신을 비참하게 만들고 조급하게만 만든다.

성공하기 위해서는 매일 자신을 믿고, 기쁘고 신나게, 즐겁게 생활하면서 하루하루 자신의 목표를 향해 한 걸음씩 내딛는 것이 매우 중요하다. 그런데 목표에 집착하는 사람들은 이렇게 할 수 없다. 항상 조급하고 초조하고 안달이 난 상태이기 때문에, 충분한 창조성과 잠재력을 활용하기가 힘들어진다.

적극적이면서도 집착하지 않는 비결에 관해서 이 책의 저자는 과정 자체에서 흥분을 느낄 것을 제안한다. 그리고 모든 부정적인 생각들을 버리고, 모든 부정적인 감정들을 차단하고, 과정 자체에서 가치와 즐거움을 발견하라고 말한다.

마지막으로 필자가 전해 주고 싶은 이 책의 메시지는 돈이나 재산이 더 많거나 사랑하는 연인이 있으면 더 행복해질 거라고 생각하는 것은 우리의 에너지와 순수 의지를 방해할 뿐이며, 현재의 우리를 조금 더 비참하게 만들 뿐 우리에게 긍정적인 영향을 끼치지 않는다는 것이다. 인생의 부와 행복은 돈의 문제가 아니라, 우리 의식의 문제라고 이 책의 저자는 강조한다. 우리에게 행복을 가져다주는 것은 돈이 아니라 성공의식이라고 말한다. 성공의식은 지금 바로 인생을 즐기기로 선택하는 것이고, 인생의 모든 순간을 기뻐하고, 모든 경험을 소중하게 여기는 것이다. 최고의 인생을 살기 위해서는 우리의 에너지를 억누르고, 우리를 순간순간 불행하게 만드는 모든 것을 버릴 줄 알아야 한다. 더불어 현재에 최대한의 감사를 하며, 미래의 목표를 위해 꾸준히 한 걸음씩 천천히 나아가는 태도가 필요하다.

이 책의 저자가 마지막으로 우리에게 당부하는 것은 세상이라는 놀이터에서 재미있게 최고의 에너지를 발산하면서 살아가라는 것이다. 최고의 에너지를 발산하는 최고의 방법은 무슨 일을 하든 재미있게 하는 것이라고 덧붙인다.

그러기 위해 사소한 일에 얽매이지 말고, 앞날을 걱정하는 대신 재미와 즐거움을 선택하며 살라고 조언해 준다. 사소한 일에 매이지 않기 위해서는 집 안 청소를 불평하는 대신에 집을 가진 사실에 감사하는 것이 더 낫다고 저자는 말한다. 그는 성공적인 삶은 단순한 목표 달성에 있는 것이 아님을 명심하라고 조언한다. 성공은 일상에서 그 목적을 이루어 가는 과정에 있다는 것이다. 그래서 부와 행복의 비밀은 성과나 결과가 아니라 과정에 있다. 즉 일상생활 속에 있다는 것이다.

우리는 하루에도 수없이 많은 결정을 한다. 그 결정이 스스로 기뻐하고 감사하고 즐거운 결정이 되면, 세상과 우주는 그것들을 당신에게 되돌려 줄 것이다. 결국, 중요한 것은 외부 환경이 아니라 바로 당신 자신이다. 자신의 생각과 선택과 결단과 행동에 따라 당신이 살아가는 세상과 우주가 바뀌기 때문이다. 성공적인 인생을 살아가기 위해 당신이 바꿀 수 있는 유일한 시간은 지금 이 순간이다. 그러므로 지금 이 순간, 현재에 당신의 모든 생각과 의식을 집중하고, 그 주체인 당신 자신의 마음과 의식을 잘 관리해야 한다.

인간이 태어나서 부와 행복을 누리며 성공적인 삶을 살아간다는 것은 운이 좋은 사람들이나 재능이 있는 사람들에게 일어나는 사건이 아니라, 이 책에서 이야기하는 법칙에 따르는 사람들에게 일어나는 사건이라고 이 책의 저자는 말한다. 성공적인 삶을 살아가고 싶은 독자들이

라면, 이 책에서 제시하는 28가지 우주의 법칙을 살펴볼 것을 추천하
고 싶다.

book 11

【툴스】

- 필 스터츠, 배리 미첼스

"모두가 안전만을 추구했다. 아무도 책임감을 느끼지 않았다.
이민족의 침입이 있기 훨씬 전부터, 경제가 흔들리기 훨씬 전부터 …
로마 사회에 확실하게 부족했던 것은 내적인 활력이었다. 로마의 삶
은 이제 가짜 모조품 같은 삶이 되었다. 안전만이 좌우명이었다.
끊임없는 변화를 겪지 않고도 안정을 실현할 수 있다고, 끊임없이 모
험을 감수하지 않고도 안전을 얻을 수 있다고 믿는 것만 같았다."

필 스터츠, 배리 미첼스, [툴스], 270쪽

이 책은 우리를 괴롭히는 인생의 모든 문제에서 즉시 탈출하여 부와 행복을 얻게 해주고 더 멋지고 건강한 인생을 살아내게 해주는 5가지 절대 도구tools에 관해 이야기한다.

어떤 이들에게는 이 책이 알려주는 다섯 가지 툴스tools가 삶을 통째로 뒤바꾸어 줄 만큼 강력하고 즉각적인 처방이 될 수도 있을 것이다. 이 책의 저자가 제시하는 5가지 조언인 툴스 를 살펴보면 우리의 인생에 큰 변화를 줄 수 있다.

우리는 살면서 실패나 시련을 경험하면, 가장 먼저 자신을 책망하고, 그 사실을 후회하고, 심지에 세상과 타인에 대해 불평불만을 쏟아내는 경향이 강하다.

'내가 그럴 줄 알았어! 내 인생이 이 모양 이 꼴이지 뭐! 세상은 역시 내 마음대로 안 돼! 이 망할 놈의 세상! 나쁜 사람들!'

이렇게 세상과 타인에 대해, 심지어 자신에 대해 불평하고 원망하는 그 순간에 이 책의 저자는 그러한 고통에서 물러나지 말고, 그 고통에 정면으로 맞서서 전진해 나가라고 조언해 준다.

그 이유는 고통을 회피하기 위해 안전지대에만 머물기를 원한다면 우리 스스로 작은 세계에 갇히는 삶을 선택한 것과 다름없기 때문이다. 고통을 회피하지 않고, 두려움을 극복하고 맞설 때, 그리고 그 고통을 넘어설 때 우리가 얻는 무궁무진한 기회와 엄청난 가능성은 우리의 세계를 상상하지 못할 정도로 확장해 줄 것이기 때문이다.

이 책의 저자가 가장 먼저 경계하는 것은 피해의식에 가득 차는 것이다. 피해의식에 가득 차 있는 사람들은 항상 '왜 이런 일이 내게 일어난 거지? 애초에 이런 일이 일어나지 말았어야 해!'라고 한탄하면서 에너지를 다 낭비하기 때문에, 정작 자신의 인생을 위해서 사용할 에너지를 다 고갈시킨다.

이 책이 제시하는 첫 번째 툴인 '역경을 마주하고, 전진하는 사람들'은 이렇게 행동하지 않는다. 이런 사람들은 이 고통과 시련과 역경의 발생을 한탄만 하고, 후회만 하는 단계를 뛰어넘어, 이미 발생한 사실임을 받아들이고, 오히려 이 고통과 시련과 역경을 정면으로 마주한 채, 한 걸음씩 전진해 나가면서 헤쳐 나가는 사람들이다.

괴롭고 힘든 일과 마주쳤을 때 한탄하고 후회하면서 회피하는 것과 전진해 나가는 것은 엄청난 차이와 정반대의 영향을 삶에 끼친다. 전자는 극복도 못 하고, 결국 무너지기 쉽다. 하지만 후자는 절대 그렇지 않으며, 극복하는 속도도 무척 빠르다.

평생 모은 돈을 사기꾼들에게 속아서 하루아침에 다 날리면, 당신이 평생 이룩한 어떤 것들이 하루아침에 다 파괴되어 버리면, 당신 인생에 가장 소중한 무엇인가가 사라진다면 당신은 어떻게 할 것인가?

이러한 극한의 고통과 시련 속에서도 당신은 고통에 맞서서 전진해 나가야 한다. 고통을 회피하고 부정하고 한탄만 한다면 당신은 하루하루 목숨만 연명하는 고통 속에서 살게 될 것이지만, 그 고통에 맞서서, 굴복하지 않고, 고통을 새로운 도전과 기회로 여겨서 전진한다면 인생의 승리자가 될 것이기 때문이다.

보통 사람은 큰 고통을 만나면 어쩔 수 없이 좌절하고 절망하여 하루하루 목숨만 연명하며 지낸다. 하지만 고통에 맞서 싸울 줄 아는 사람은 엄청난 고통과 최악의 현실 속에서도 전진하기를 멈추지 않고, 앞서 예시한 빅터 프랭클처럼 온 인류에게 새로운 정신 치료법을 선사한 사람이 되도록 만든다. 용기는 두려움이 없는 것이 아니라, 두렵지만 그 두려움에서 달아나지 않고, 두려움에 직면하여 행동할 줄 아는 능력이라고 이 책의 저자는 말한다.

눈부신 인생을 살기 위한 다섯 가지 툴스 중에 두 번째는 '능동적으로 사랑하라'는 것이다. 능동적으로 사랑하면 과거에 일어난 사건에 미로처럼 갇히는 삶에서 벗어나 자유롭게 미래를 향해 나아갈 수 있게 된다는 것이다.

누군가가 우리를 화나게 할 때, 누군가가 우리를 심리적인 미로에 빠트릴 때, 어떤 사건이 우리를 힘들게 할 때 우리는 능동적 사랑을 이용해서 그 미로에서 빠져나올 수 있다. 즉, 그러한 것들이 우리의 삶이 앞으로 나아가는 것을 가로막지 못하게 우리는 방어해야 한다.

그 어떤 방어보다 좋은 방법은 공격이다. 여기서는 능동적으로 상대를 사랑하는 것을 말한다. 당신을 화나게 하는 사람, 당신을 번번이 곤경에 빠지게 하는 사람, 당신을 괴롭히는 나쁜 사람에게서 도망가려고도 하지 말고, 그렇게 심리적 미로와 곤경과 분노 속에 빠져들지 말고 오히려 상대에게 더 큰 사랑을 보내고, 진심으로 상대를 사랑하라는 것이다.

가능하면 무한한 사랑으로 상대방을 사랑하고, 능동적으로 사랑하는 마음이 흘러 들어가게 하고, 그것을 느끼고, 상대와 온전히 사랑으로 하나가 된 기분을 누리면, 당신은 충만함과 평온함을 느끼게 된다.

우리는 살아가면서 많은 일을 하고, 다양한 사람들을 만날 때마다 무언가를 잘 해내야 한다는 중압감과 불안함을 느낄 때가 있다. 이때 필요한 툴이 세 번째 툴이다. 그것은 '내면의 소리에 귀기울기'이다. 내면의 불안을 떨쳐 내는 방법으로 이 책의 저자가 제시한 툴이다.

내면의 소리에 귀기울이기는 외부의 평가나 소리에 흔들리지 않고, 자주적인 권한을 갖게 해준다. 타인의 인정을 받고, 외부로부터 좋은 평가를 받는 것보다 더 중요한 것은 내면의 인정이고, 자신의 평가이다.

즉, 이 툴은 자존감과 매우 밀접한 관련이 있다.

자기 자신을 평가하는 가장 중요한 청중으로 자기 자신을 내세우라고 이 책의 저자는 말한다. 타인과 세상이 당신을 어떻게 평가하고 생각하느냐는 중요하지 않다. 더 중요한 것은 자기 자신이 내리는 자신에 대한 평가, 즉 자신의 내면의 소리인 것이다.

살다 보면 인생에 먹구름이 잔뜩 끼는 시기가 있다. 필자도 지금 그렇다. 하지만 이런 먹구름이 끼지 않는 인생은 또 어떻게 보면 바람직하지 못하다. 일 년 내내 비가 오지 않고 화창하고 눈부신 맑은 날씨만 계속된다면 그곳은 곧 사막화될 것이 뻔하기 때문이다.

인생도 마찬가지다. 비도 내리고 때로는 태풍도 만나고 눈도 만나야 더 큰 성장과 발전이 있고 강한 인생이 된다. 그러므로 먹구름 같은 시련과 고통을 피하기 위해 달아나서는 안 된다.

먹구름을 뚫고 행복에 도달하는 법이 네 번째 툴이다. 이 책의 저자가 제시하는 네 번째 툴은 먹구름으로 가득 차 있는 '당신의 인생에 감사가 흐르게 하라'는 것이다.

인생의 먹구름을 걷어내는 가장 좋은 방법은 삶에 감사가 흐르게 하는 것이다. [실락원]을 쓴 존 밀턴의 표현에 따르자면, 마음(생각)은 지옥을 천국으로도 만들 수 있고, 천국을 지옥으로도 만들 수도 있다.

이처럼 우리의 생각과 마음의 상태는 매우 강력한 영향을 우리의 삶에 직접적으로 끼친다. 그런데 가장 중요하고 강력한 생각과 마음의 상태는 감사하는 마음이다. 지금 당장 당신을 둘러싼 강력한 먹구름을 뚫고 햇빛이 비추도록 하는 감사가 당신의 삶에 흐르게 하라. 방법은 간단하다. 당신이 감사할 수 있는 것들을 떠올리고 되뇌고 감사하는 것이다.

'사랑하는 가족이 있어서 감사합니다', '팔과 다리가 멀쩡해서 감사합니다', '지금까지 큰 병에 걸리지 않게 해주셔서 감사합니다', '좋은 책을 읽게 해주셔서 감사합니다', '부모님이 무탈한 점에 감사합니다', '언제든 뜨거운 물로 샤워할 수 있게 해주셔서 감사합니다', '할 일이 있다는 것, 도전할 수 있다는 것, 세상이 코로나로 살기 힘들어졌다지만, 일제 강점기 시절이 아니라서, 6·25 전쟁 시절이 아니라서 감사합니다', '이 모든 것이 감사합니다'.

필자는 항상 도서관에 가면 도서관에 갈 때도 행복하고 가는 길도 행복하고 도서관에서 책을 읽으면서도 행복하고 읽고 나서도 행복하다. 그래서 감사가 저절로 나온다. 하지만 도서관에 가서 책을 읽을 수 있다는 것에 한 번도 감사해 본 적이 없는 사람들이 오히려 더 많을 것이다.

하지만 필자는 3년 동안 백수로, 무직자로 매일 도서관에 출근(?)하여 책을 읽을 때마다, 매일 도서관에 갈 때마다, 그 길 위에서도, 도서관에서 온종일 딱딱한 의자에 앉아 책만 읽을 때도, 책마다, 감사하고 또 감사했다. 지금도 이 습관은 변함이 없다. 그러한 감사들이 필자를 지금 이 위치로 이끌어 올린 강력한 힘이었다고 생각한다. 먹구름이 가득한 인생에 감사가 흐르면 그때부터 우리의 인생에는 더 큰 감사들이 연이어서 터져 나온다. 이것이 감사의 효과다.

마지막으로 이 책의 저자가 제안하는 눈부신 인생을 위한 툴은 '위험 경보를 자각하라'는 것이다. 이 말은 우리가 미래에 임종을 앞두고 침대에 눕는 순간을 언젠가는 맞이하리라는 것을 자각하고, 현재의 인생을 절대 낭비하지 말고, 선택한 툴을 지금 당장 실천하라는 말이다.

최근에 누군가가 필자에 대해서 장난을 친 적이 있다. 필자가 마치 죽은 사람인 것처럼 고인을 기억하는 듯한 사진과 글을 인터넷에 올렸다. 필자는 그 사진을 본 순간 경악을 금치 못했다. 기분이 매우 나빴던 것은 물론이고 치가 떨렸다. 하지만 이내 곧 다른 관점으로 생각을 바꿨다.

누구나 영원히 사는 것은 아니다. 모든 사람은 죽는다. 다만 시간문제일 뿐이다. 그렇다면 우리가 죽은 후, 다른 사람들에게 과연 어떤 사람으로 기억에 남을까? 우리가 모두 죽음을 맞이해야 한다는 너무나 당연한 진리를 필자는 최근에 까맣게 잊어버린 채 하루하루 너무 바쁘게 삶에 매몰되어 살아왔다는 것을 그 사건을 통해 깨닫게 되었다.

그때부터 삶에서 가장 중요한 것은 돈을 좀 더 많이 벌고, 좀 더 회사를 크게 키우는 것이 아니라, 삶의 의미와 가치를 생각하는 일이라는 걸 깨닫게 되었다. 즉, 속도보다는 방향이, 성과보다는 내용이, 결과보다는 과정이 훨씬 더 중요하다는 것을 깨달았다.

이 사건을 통해 필자는 우연히 이 책의 저자가 제시하는 다섯 번째 툴을 몸에 익히게 되었다. 하루하루 가장 중요한 가치 있는 것을 하기로 했다. 그 덕분에 필자는 지금 매일 회사에 출근하기 전에 반드시 도서관에 먼저 출근해서 몇 시간이라도 오전에는 꼭 책을 읽고 쓰는 삶을 살아가게 되었다. 코로나로 도서관 출입이 안 되는 날에는 집에서라도 독서하고자 노력한다.

그렇다면, 책에서 소개한 여러 메시지 중에서 가장 중요한 핵심은 무엇일까?
필자는 '안전지대를 벗어나 고통에 맞서서 전진하라는 메시지'라고 생각한다. 과거 로마제국이 붕괴된 가장 큰 이유를 로마 구성원들이 모두 안전만을 추구했기 때문이라고 이 책의 저자는 미국의 저명한 역사학자 루이스 멈퍼드의 말을 인용하면서 주장한다.

"모두가 안전만을 추구했다. 아무도 책임감을 느끼지 않았다. 이민족의 침입이 있기 훨씬 전부터, 경제가 흔들리기 훨씬 전부터 ...... 로마사회에 확실하게 부족했던 것은 ...... 내적인 활력이었다. 로마의 삶은 이제 가짜 모조품 같은 삶이 되었다……. 안전만이 좌우명이었다. 끊임없는 변화를 겪지 않고도 안정을 실현할 수 있다고, 끊임없이 모험을 감수하지 않고도 안전을 얻을 수 있다고 믿는 것만 같았다."

같은 책, 270쪽

자신의 안위와 행복에만 몰두하여, 모험을 감수하지 않으려고 할 때 개인과 사회 모두 붕괴한다는 이 책의 저자의 주장은 필자의 생각과 정확하게 일치한다.

필자가 이만큼 성장하고 성공할 수 있었던 것은 안정적인 직장과 미래를 포기하고, 위험천만한 모험을 감행했기 때문이다. 가장 위험한 것은 당신이 안전하다고 생각하는 그 생각이다.

불확실한 미래에 대한 공포와 두려움이라는 고통에 맞서지 않고, 전진하지 않는 것은 자신의 인생을 위태롭게 하는 행위와 다를 바 없다. 전진의 힘을 잃어버린 개인과 사회는 결국 방향을 잃고 헤맬 수밖에 없기 때문이다. 두 걸음씩이 아니다. 한 걸음씩 전진해 나가는 사람이 결국 위대한 인생을 살아낸다. 건투를 빈다.

book 12

【행복의 정복】

- 버트런드 러셀

"동료인 인간에 대해 가지는 따뜻한 관심은 행복한 일상을 만드는 데 중요한 역할을 한다. 비인격적인 사물에 대한 관심은 이에 비하면 그 비중이 작기는 하지만, 대단히 중요한 것이다. 세계는 넓고 인간의 능력은 제한되어 있다. 만일 인간의 모든 행복이 개인적인 환경과 밀접한 관계가 있다면, 비록 어려운 일이기는 하지만 인생이 제공할 수 있는 행복보다 더 많은 행복을 요구해서는 안 된다."

버트런드 러셀, [행복의 정복], 170쪽

이 책의 저자는 한 가지 질문에서 시작하여 이 책을 집필했다. 그 한 가지 질문은 무엇일까?

바로 이것이다.

"현대인들에게 행복에 도달하는 일이 가능할까?"

이 질문에 저자는 자신의 생각과 경험을 통해 얻은 해답들을 하나씩 나열하며 설명한다. 그리고 결론을 내린다. 현대인에게도 행복은 가능하다고 말이다. 즉, 인간은 누구나 행복해질 수 있다고 말한다.

심지어 불행으로 고통당하는 수많은 사람조차도 약간의 노력만 한다면, 생각만 바꾼다면 충분히 지금보다 더 행복해질 수 있다고 이 책의 저자는 자신의 소신을 피력한다.

그렇다면 이 책에서 언급하는 행복해지는 데 필요한 약간의 노력이나 생각, 행동엔 어떤 것들이 있을까?

첫 번째로 이 책의 저자는 행복하게 사는 데 필요한 행동이나 노력으로 관계, 관심, 관용 등을 이야기한다. 타인과 세상에 대한 폭넓은 관심이 우리를 행복하게 하고, 우리의 인생을 더 튼튼하게 한다고 말한다.

특히 자신의 생활에서 그다지 중요하지 않은 것들에 관심을 가지는 사람이 그렇지 못한 사람들에 비해 훨씬 더 적은 불행과 피로, 정신적 긴장을 느낀다고 말한다.

이러한 관심과 다양한 사람들, 조직과의 관계와 관용적인 태도는 한 사람의 인생의 폭을 넓게 해준다. 이렇게 인생의 폭이 넓을수록 크고 작은 사건들과 부딪쳐도 그 인생이 쉽게 흔들리지 않는다.

반대로 인생의 폭이 협소한 사람일수록 우연한 작은 사건들이 인생을 마음대로 주무르게 된다. 폭넓은 관심과 관계를 맺지 못한 사람들이 힘겨운 삶을 사는 이유 중의 하나는 긴장과 스트레스를 주는 주된 생업과 관한 여러 문제들에서 진정으로 벗어나 휴식을 취하는 시간과 여건이 줄어든 데 있다.

그뿐만 아니라 모든 종류의 폭넓은 관심사는 우리의 균형감각을 유지하는 데 중요한 역할을 한다. 자신이 추진하는 일에 지나친 관심을 쏟는 사람은 극단주의로 빠질 위험이 있기 때문이다.

결론적으로 이 책의 저자는 행복의 비결 중의 하나는 폭넓은 관심을 가지며, 사물이나 사람들에게 관용을 베풀고 친절을 베푸는 것이라고 말한다.

"행복의 비결은 되도록 폭넓은 관심을 가지는 것, 그리고 관심을 끄는 사물이나 사람들에게 적대적인 반응을 보이는 것이 아니라 되도록 따뜻한 반응을 보이는 것이다."

같은 책, 171쪽

우리는 아주 잠깐이라도, 그리고 아주 단순하게라도, 비열하고 이기적인 행동을 통해서는 절대로 행복을 느낄 수 없다는 사실을 염두에 두어야 한다. 그뿐만 아니라 사소한 불운에 안달하거나, 자신에게 닥쳐올 운명을 두려워하는 삶의 자세로는 행복하게 살아갈 수 없음을 이 책의 저자는 강조한다.

행복한 삶을 살아가는 데 필요한 것은 인생의 폭을 넓혀 주는 여러 가지 관심과 관계이다. 인생의 폭이 협소한 사람일수록, 작고 다양한 사건을 통해 인생의 의미와 목적이 흔들리고 휘둘린다.

저자가 두 번째로 강조하는 행복한 삶의 조건은 일과 열정이다. 이 책의 저자는 말한다. 부자들조차도 행복한 삶을 살아가기 위해 절박하고 가난한 사람들처럼 매우 열심히 일한다는 것이다. 일은 과하게 하지 않고 적절하게 열심히 할 때 장기적인 행복을 제공하는 원천이 된다고 필자는 생각한다. 이 책의 저자도 말한다. 일하는 사람이 훨씬 덜 불행하다고 말이다. 절박하게 일을 해야 할 필요가 없는, 할 일이 없는 부자 중에는 말할 수 없는 권태에 시달리는 사람들이 적지 않다고 한다.

그들은 돈이 많아서 해외여행이나 값비싼 취미 생활을 통해 마음의 위안을 얻기도 하지만, 그것은 매우 일시적이고, 이는 열심히 일하는 것을 통해 얻는 행복과 기쁨의 지속성과 강도에 훨씬 못 미친다. 또, 권태는 매우 치명적인 불행의 원인이기도 하다. 이런 치명적인 권태에 시달리는 사람들을 행복하다고 말할 수 없는 이유는 그 시간에 열심히 일함으로써 얻는 행복의 크기가 너무 크기 때문이다.

그뿐만 아니라 일을 하면 할수록 그 분야에서 전문가가 되고 인정을 받기 때문에, 그로 인해 누리는 기쁨도 무시할 수 없다. 특히 남다른 기술을 익힌 사람들은 그 기술을 남들이 가지지 못해서 자기 자신이 발휘하는 가운데 큰 기쁨을 느낄 수 있다.

일함으로써 느끼는 행복 중의 하나는 그 일을 통해 건설적인 무엇인가를 만들어 내거나 이룰 수 있다는 것이다. 온종일 타인을 비판하고 비난하고 헐뜯는 사람은 결코 건설적이지도, 행복하지도 않을 것이다. 하지만 온종일 건설적인 일을 한 사람은 그 하루가 매우 알차고 보람되고 기쁘고 심지어 즐거울 수 있다.

자신이 좋아하는 일을 직업으로 선택한 사람들은 높은 차원의 만족감을 매일 느낄 수 있고, 그 일을 통해 자신의 명성을 드높일 수도 있고, 부도 쌓을 수 있다. 일거양득의 효과를 누리는 것이 바로 자신이 좋아하는 일을 해서이다.

두 번째, 세 번째 효과가 나타나지 않는다고 해도, 첫 번째 효과만으로도 자신이 좋아하는 일을 직업으로 선택하는 사람들은 충분한 보상을 받았다고 할 수 있다. 자신이 좋아하는 일을 하면서 생계도 유지하고, 거기에 만족과 행복감까지 얻는 특권은 일반인들에게는 남의 나라 이야기인 듯 보일 수 있다. 하지만 그것은 진실이 아니다.

일반인들도 얼마든지 사회적 지위나 부의 수준, 경제적, 생활적 수준을 낮출 각오만 되어 있다면, 자신이 좋아하는 일을 생업으로 선택하는 것이 충분히 가능한 시대에 우리는 살고 있다.

돈을 더 벌기 위해 하기 싫어도 하는 일은 분명 감옥 같고 고통일 것이다. 부와 명예를 추구하는 데 너무 집중하다 보면, 세상과 일에 얽매여 살게 된다. 이런 사람들은 행복할 리가 없다. 하지만 부와 명예의 수단으로서 일하기보다 오히려 자신이 좋아하는 일을 하는 사람들은 수입이 더 적고 명예가 높아지지 않을지라도 더 행복한 삶을 사는 사람임이 틀림없다.

돈을 벌기 위해, 일과 세상에 매이는 사람들에게는 그다지 뜨거운 열정을 느낄 수 없다. 이 책의 저자는 열정이 행복을 만든다고 말한다. 무엇인가를 이루기 위해 하는 일은 궁극적으로 행복을 우리에게 선사하지 못한다.

여러분 주위에 행복한 사람들을 살펴보라. 행복한 사람들이 가진, 가장 일반적이고 뚜렷한 특징은 열정이다. 열정이 있는 사람은 지진을 만나도, '이것이 지진이구나'라고 지진에 대한 궁금증이 풀렸음을 즐거워한다.

열정을 가진 사람은 실패나 시련을 만나도 쉽게 굴복하거나 좌절하지 않는다. 뜨거운 열정은 어떤 시련이나 실패도 다 돌파하도록 돕는 힘이다. 그래서 열정 없이 이루어진 위대한 업적은 찾아보기 힘들다.

열정은 기쁨과 행복의 원천이다. 이러한 기쁨과 행복은 사람들이 평생 그 일에 집중하게 해준다. 아무리 평범한 사람일지라도 한 가지 일에 평생 집중한다면 그 분야에서 일가를 이루는 대가가 될 수 있다. 그런 점에서 열정은 집중력의 또 다른 이름이며, 동시에 행복의 또 다른 이름일 것이다.

마지막으로 이 책의 저자가 말해 주는 행복의 조건은 중용이다. 사실 중용은 그다지 재미있거나 좋은 이론은 아니다. 하지만 이 책의 저자는 노력과 체념 사이에서 균형을 맞추어야 한다고 말한다. 그것이 이 책에서 이야기하는 중용이다.

분명히 이 책의 첫 장에서는 노력의 중요성을 이야기했지만, 후반부에는 체념 역시 행복을 쟁취하는 데 일정한 역할을 담당한다는 사실을 빠뜨리지 않고 말한다. 현명한 사람은 피할 수 없는 불행을 피하고자, 혹은 그 불행을 만나더라도 결코 시간과 에너지, 감정을 소비하지 않는다. 이미 피할 수 없는 결과나 상황에 대해서도 절대 안달하거나 화내지 않는다. 그것이 심지어 중요한 일이라고 해도, 감정적으로 너무 몰두해서, 실패하지 않을까 하는 생각이 마음의 평화를 끊임없이 갉아먹도록 내버려 두는 것은 지혜로운 선택이 아님을 강조한다.

행복의 원천은 외부 환경이 아니다. 내면의 마음 상태와 의식이다. 의식이 분열되거나 통합을 이루지 못하는 것에서 모든 불행이 시작된다고 저자는 말한다. 최고로 행복한 사람은 삶을 즐기는 사람이다.

그런데 삶을 즐기는 데도 비결이 필요하다. 이 책의 저자는 삶을 즐기는 비결에 대해 간단하게 정의를 내린다. 자신이 가장 갈망하는 것, 가장 하고 싶은 것이 무엇인지를 파악하고, 그것을 실천하고 성취하는 것과 동시에, 이룰 수 없는 것에 대해서는 깨끗하게 체념하는 의식을 가지는 것이 삶을 즐기는 비결이라고 말한다.

당신의 삶이 너무 재미없고 지루하고 평범한가? 그렇다면 걱정하지 말자. 어떤 훌륭한 책에도 모두 지루한 부분이 있기 마련이고, 어떤 위대한 삶도 실패와 시련으로 얼룩져 있고, 재미없고 지루하고, 심지어 초라하기까지 한 시절이 있으니까 말이다.

이 책의 저자가 말한 행복하게 살기 위해 꼭 필요한 요소 중에서 가장 중요한 것은 무엇일까? 꼭 한 가지를 선택해 달라면 '일'이다.

자신이 좋아하는 일을 하는 사람, 즉 열정을 가지고 일하는 사람은 그렇지 못한 사람보다 훨씬 더 행복하다. 그러므로 우리는 열정을 잃지 않고 일을 해 나가는 환경을 스스로 만들어야 할 것이다.

현대인이 현대를 살면서 과연 행복하게 살 수 있을까에 대한 질문은 어쩌면 생존조차 보장받지 못했던 과거 시대의 불행한 사람들에게는 죄송스러운 질문일 수 있다. 그러므로 누구나 약간의 노력과 의식의 전환을 통해서 충분히 행복하게 살 수 있는 이 시대를 행복하게 살아가지 못하는 것은 더 큰 죄악일지도 모른다.

자신의 행복한 삶은 결국 타인에게 영향을 끼치고, 그 행복한 영향은 사회 전체를 바꿀 것이라는 작은 신념이 지금, 필자의 뇌리를 스쳐 지나간다. 행복해지자. 그리고 행복을 위한 작은 노력과 의식의 전환을 이 책을 계기로 가져 보는 것은 어떨까?

제 5 장

어른의
지혜는
무엇인가?

book 13

【일과 인생에 불가능은 없다】

- 마쓰시타 고노스케

"사람의 운명은 한 치 앞도 알 수 없다.

그러니 어떤 상황에서도 비관하거나 절망하지 말 일이다.

자신이 할 수 있는 일에 모든 힘을 쏟아붓고 나머지는 하늘의 뜻에

맡기면 된다."

마쓰시타 고노스케, [일과 인생에 불가능은 없다], 22쪽

초등학교를 중퇴한 마쓰시타 고노스케는 일본에서 경영의 신이라고 불리는 전설이 되었다. 초등학교도 졸업하지 못한 그가 수많은 경영자가 존경하는 인물이 될 수 있었던 힘은 무엇이었을까? 무엇이 그를 위대하게 만들었을까?

자신에게 불리했던 상황과 형편에서 불만을 토로하거나 좌절하지 않고 오히려 남들과 다른 시각으로 꾸준히 노력했던 점, 늘 자신의 발전과 배움과 성장을 염두에 두고 살았다는 점, 눈앞의 이익보다는 의미와 가치, 사람에 중점을 두었다는 점 등이 그를 남다르게 만들었다고 생각한다.

경영의 신이라고 불리는 그가 평생 살아오면서 직접 배우고 깨달은 인생과 일에 대한 교훈을 그는 이 책을 통해 우리에게 알려 준다.

그의 메시지는 간결하다. 인간은 누구나 갈고닦으면 찬란하게 빛나는 다이아몬드 원석과 같은 존재라는 것이다. 그리고 사람들은 누구나 자신만의 재능을 가지고 있다고 한다. 그러므로 각자의 재능이 아름답게 꽃피우는 사회야말로 진정으로 아름다운 세상이라고 그는 말한다.

그는 1917년에 마쓰시타 전기를 설립했다. 그때 그의 나이는 겨우 스물세 살이었다. 그는 하루도 거르지 않고 기업의 사명과 존재 이유를 고민했다. 그가 사업을 하면서 쉽고 편한 나날만 보낸 것은 절대 아니다. 1920년대 세계 대공황과 1940년대 2차 세계대전 전후, 또 패전이라는 최악의 상황에서도 그는 회사를 세계 최고의 일류 기업으로 키워냈다.

그가 평생 경영자로 살아가면서 깨달은 인생의 지혜가 이 책에 담겨 있다고 해도 과언이 아닐 것이다. 이 책은 '불가능은 없다' 시리즈의 첫 번째 책이다.

[일과 인생에 불가능은 없다], [사업에 불가능은 없다], [경영에 불가능은 없다]. 이 세 권의 책을 통해 우리는 마쓰시타 고노스케의 경영 철학과 인생 지혜를 오롯이 접할 수 있다. 그 세 권 중에서 인생 지혜가 담긴 이 책을 꼭 독자들에게 추천해 주고 싶다.

경영의 신 마쓰시타 고노스케가 우리에게 당부하는 말을 한마디로 요약하면 이것이다.

"무엇보다 사람이 우선이다. 타인에게 봉사하고, 타인이 성공하도록 도와주고, 잘되게 하라."

그는 혼자 잘 먹고 잘사는 혼자만의 성공에 대해 말하지 않는다. 그가 강조한 것 중 하나는 사업가에게 가장 중요한 책무에 관한 이야기다. 사업가에게 가장 중요한 책무는 모든 이들에게 사랑받는 것이라고 그는 말한다.

모두에게 사랑받기 위해서는 무엇보다 봉사 정신이 있어야 하고, 이기적인 자세와 태도에서 벗어나야만 한다. 그래서 그는 인생을 살면서 결정적인 순간에도 반드시 지켜야 할 삶의 철학들에 관해 조언해 준다.

욕심을 내지 말고 타인의 도움을 위해 자신의 재능을 나누어 주라고 그는 말한다. 그가 이렇게 말하는 이유의 본질에는 세상에 결코 혼자서 모든 것을 다 잘할 수 있는 독불장군은 존재할 수 없다는 생각이 뿌리박혀 있는 듯하다.

인생에서 성공이든, 비즈니스에서 성공이든 절대 혼자서는 안 된다. 함께하면 더 높고 더 길게 나아갈 수 있다. 당신이 아무리 프로라고 해도 혼자서는 안 된다. 조력자가 있어야 더 높게 더 오래 더 안전하게 더 길게 날 수 있다.

세상을 살아가는 이치 중의 하나가 바로 이것이다. 세상은 함께 살아가야 하는 공동체라는 것이다.

그가 조언하는 것 중에서 중요한 것들이 적지 않다. 먼저 소개하고 싶은 것은 결과에 너무 연연하지 말고 과정에 집중하라는 조언이다.

"과정은 최선을 다하고, 그 결과는 하늘에 맡겨라."

느긋하게 자신의 길을 걷고 또 걸어라, 하지만 절대로 조급해하거나 안달하지 마라, 눈앞의 현안에 아등바등하지 말고, 늘 여유를 가지고 최선을 다해 인생에 임하라고 그는 조언해 준다.

> "사람의 운명은 한 치 앞도 알 수 없다. 그러니 어떤 상황에서도 비관
> 하거나 절망하지 말 일이다. 자신이 할 수 있는 일에 모든 힘을 쏟아붓
> 고 나머지는 하늘의 뜻에 맡기면 된다."

같은 책, 22쪽

사람의 운명은 한 치 앞도 알 수 없으므로 어떤 상황에서도 비관하지 말고, 절망하지 말고, 꿋꿋하게 전진해 나가라고 말한다. 자신이 할 수 있는 일에 최선을 다하고, 전심전력하고, 결과는 하늘에 맡기라고 한다. 아마 현대의 젊은이들에게 꼭 필요한 말일 것이다.

아무리 어려운 시대를 살고 있다 해도, 세상을 바라보는 시각을 바꾸어, 가슴 뛰고 피가 끓는 재미있고 즐거운 시대를 살아간다고 발상의 전환을 해보라고 그는 조언해 준다. 청년 실업이 큰 문제가 되는 이 시대에 그 문제를 좀 더 다른 발상으로 전환해서 생각해 보고 해결해 나가는 것은 어떨까?

그는 또한 타인의 발전을 위해 자신을 아낌없이 나누어 줄 줄 아는 사람이 되라고 조언해 준다. 여기에는 먼저 자기 자신의 재능을 살릴 줄 알아야 한다는 전제가 뒤따른다. 먼저 자신의 재능을 찾아서 발전

시키고, 그 후 함께 타인의 재능을 찾아, 그 사람의 발전을 위해 자신의 재능을 아낌없이 나누어 주면 서로 상생할 수 있고, 더 크게 발전할 수 있다고 그는 말한다.

경영의 신인 그가 우리에게 조언해 주는 것 중에 우리가 꼭 명심해야 한다고 필자가 생각하는 것은 따로 있다. 바로 자신의 이익과 손해를 너무 따지지 말라는 것이다. 이해관계에 너무 얽매이지 말라는 것이다. 이익과 손해를 떠나 자기 일에 집중하는 것이 매우 중요하다고 그는 말한다.

그는 또한 더불어 조언해 준다.

사람은 스스로 절제하지 않으면 무심코 도를 넘기고 마는 존재이기 때문에, 항상 지나치지도 모자라지도 않게, 즉 중용을 지키려는 마음가짐과 절제하려는 마음이 매우 중요하고 필요하다고 말이다.

또, 그는 우리에게 아무리 힘들고 어려운 시기를 만나더라도 절대로 낙심하거나 비관하거나 절망하지 말라고 조언해 준다. 인간의 운명이라는 것이 참으로 알 수 없는 일이기 때문이라고 조언한다.

마쓰시타 고노스케는 자기 자신이 일본 최고의 위치에 오른 것이 일본이 전쟁에서 패했기 때문이라고 말한다. 물론 일본이 전쟁에서 패했기 때문에 자기 자신도 힘들고 어려운 상황으로 떨어졌지만, 그것이 오히려 전화위복이 되어 최고의 자리를 다투는 경영자가 될 수 있었다는 것이다.

그의 말대로 우리 인생은 새옹지마이고, 전화위복인 듯하다. 그러므로 절대로 어떤 상황에서도 비관해서는 안 된다. 가장 어둡고 가장 힘들 때, 가장 견디기 힘든 순간이 바로 해가 뜨기 직전이고 문제가 해결되는 해결점의 시작인 것이다.

힘들고 어려운 상황일수록 그는 뜻을 잃어서는 안 된다고 조언한다. 오히려 힘들수록 의미와 가치를 생각하고 더 높이라고 한다. 그렇게 뜻을 높이고 뜻을 잃지 않으면 상황은 반드시 더 좋아지고 개선된다는 것이다.

> "전례가 없을 만큼 어려운 시대라도 시각을 바꿔서 피가 끓고 심장이 고동치는 재미있는 시대를 살고 있다고 생각해 보자. 그런 기쁨이 있다면 이 세상이라는 무대에서 각자 인생의 주인공이 되어 삶을 꿋꿋이 헤쳐 나갈 수 있다."

같은 책, 54쪽

아무리 어려운 시기라도 꿋꿋이 헤쳐 나가라는 얘기를 보면 필자의 군대 생활이 생각난다. 군대 생활을 할 때는 제대만 하면 세상이 다 나의 것이 되는 줄 알았고, 대학을 다닐 때는 취업만 하면 한 시름 놓을 줄 알았고, 고3 때는 원하는 대학에 합격만 하면 모든 인생의 문제가 해결되는 줄 알았고, 총각 때는 좋은 여자와 결혼만 하면 다 되는 줄 알았다. 하지만 막상 원하는 순간이 되면, 그 순간뿐이고, 그 후부터는 별반 다를 바 없는 어제와 같은 인생이 지루하게 반복되는 것이다.

그러니 너무 어려운 시기라도, 최고의 시기와 별반 다를 바 없이 우리는 하루하루를 살아내야 한다. 저자의 말처럼 피가 끓고 심장이 고동치는 인생을 스스로 하루하루 살아내는 것이 중요하다.

그는 또한 어떤 일을 하더라도 하루하루 간절한 마음으로 기도하면서 진행해 가라고 조언해 준다. 놀라운 사실은 그는 특정 종교를 가지고 있지 않지만, 난국을 헤쳐 나갈 때마다 더욱더 간절한 마음으로 기도를 한다는 것이다. 일의 크고 작음에 상관없이 간절한 태도로 임하고, 간절하게 기도하면 결과가 달라진다는 것이다. 세상의 어지러움을 헤쳐 나가고, 신뢰를 얻기 위해서는 그에 걸맞은 노력을 기울여야 한다고 그는 말한다.

또, 자신의 이익과 손해만 따지면서 모든 것을 판단하지 말고, 이해관계에서 벗어나, 순수하게 몰입하고 사안들을 결정하고 행동하는 일도 매우 중요하다.

특히 그는 언젠가 세무서에서 세금으로 적어도 4만 8,000엔은 내야 한다고 했을 때, 처음에는 3만 엔만 내도 충분하다고 생각했지만, 불현듯 이런 생각을 했다고 한다.

'이 돈은 내 돈이 아니다. 내가 장사를 하므로 우선 그 이익은 회사의 것, 개인의 것이 되겠지만, 본질적으로는 모두 사회의 것이다. 결국, 사회의 재산을 돌려주는 것이므로 세금 때문에 고민할 필요는 없다.'

같은 책, 72쪽

그가 이렇게 생각하자, 돈 걱정도, 그 어떤 고민도 하지 않게 되었다고 한다. 즉, 그가 자신의 '이익과 손해'라는 계산법을 기준 삼아 세상을 살지 않게 되자, 돈의 노예가 되지 않을 수 있었다.

어떤 사람들은 '재산을 빼앗기는 것은 절대 참을 수 없다'라고 생각하는데, 이런 생각을 하는 순간 교묘한 말로 타인을 속이게 되고, 심지어 자기 자신도 기만하는 사람이 된다. **돈에 집착하고 돈벌이에 급급하면, 사사로운 이해관계에 얽매이고, 항상 고민에 빠져 인색한 삶을 살게 될지도 모른다. 그런 삶보다는 풍요롭고 여유로운 자유로운 삶이 더 나을 것이다.**

그는 우리에게 말한다. 물질에 집착하면 할수록 행복은 멀어진다고 말이다. 물질만능주의 시대에 사는 우리가 꼭 명심해야 할 말이다.

최고의 성공을 거두고 최고의 지위에 오른 사람이라고 해도 그것에 만족하지 못하고 집착하는 사람은 행복하지 못하고 풍요롭지 못한 삶을 사는 경우가 적지 않다. 오히려 더 인색해지고 더 물질에 집착하는 사람들도 있다. 반면에 물질적으로 여유롭지 못하고, 최고의 성공도 거두지 못한 사람이더라도 마음이 풍요로워 나눌 줄 아는 사람들이 있다. 이런 사람들이 물질에 이용당하지 않고, 물질의 노예가 되지 않고, 타인을 위해, 세상을 위해 주체적인 삶을 살아가는 사람들이다.

주위를 보면 큰 뜻을 품고, 큰 꿈을 가진 사람들이 적지 않다. 하지만 그런 분들의 하루하루를 살펴보면 자신이 품은 큰 뜻과 꿈과 전혀 부합되지 않게 하루를 너무 불성실하게 사는 사람도 많다.

고만고만한 친구를 만나서 술이나 마시면서 온 저녁 시간을 다 보내고, 새벽 늦게 집에 가서 잠을 청하고, 다음 날 아침은 거의 폐인이 되어 하루를 허비하면서 보내는 사람들이 적지 않은 것이다. 이 책의 저자는 오늘 하루를 후회 없이 충실하게 살아가는 것이 매우 중요하다고 조언한다.

'오늘 하루 나는 성공했어'라고 말할 수 있는 하루는 보람찬 하루고, 그런 하루하루가 모여서 결국 인생의 성공을 이룬다.

저자의 말을 빌리자면, 스스로 칭찬할 만한 하루, 스스로 칭찬할 만한 삶을 살아야 하는 것이다. 바로 그것이 어른의 삶이다.

book 14

【인생을 최고로 사는 지혜】

- 새뮤얼 스마일즈

"'하늘은 스스로 돕는 자를 돕는다.' 이 말은 오랫동안 수많은 인간이 체험을 통해 검증된 진리이다. '자조(自助)'의 정신은 한 사람 한 사람이 자기를 계발하기 위한 진정한 뿌리이고, 그것이 많은 사람들의 삶을 통해 드러날 때 한 국가의 국력이 된다. 남의 도움은 사람을 나약하게 만들지만 스스로를 돕는 것은 언제나 강력한 힘이 된다. 개인이든 집단이든 남의 도움을 받으면 자립심이 없어지고 지도와 감독에 길들여져 무력한 존재가 되기 십상이다."

새뮤얼 스마일즈, [인생을 최고로 사는 지혜], 27쪽 인생을 최고로 제대로 살아내기 위해 우리에게 가장 필요한 것은 무엇일까? 이 책의 저자는 그것이 바로 인간 내면의 정신이라고 말한다. 그래서 가장 불쌍한 사람은 폭군 등에 지배당하는 사람이 아니라, 스스로의 도덕적 불감증, 이기심, 부도덕에 지배당하는 사람이라고 그는 주장한다.

그의 주장은 명확하면서도 강력하다. 이 책이 오랫동안 변함없이 전 세계 사람들에게 사랑받았을 뿐만 아니라 가까운 이웃 나라 일본을 부강하게 만든 두 권의 책 중 하나로 꼽히는 데는 다 그만한 이유가 있다. 서양의 자기계발 분야에서 가장 원조 격인 이 책은 수많은 세계적인 동기 부여가를 만든 책이며, 영국과 일본에서 '국민 도서' 혹은 '21세기 국민의 필독서'로 선정된 책이기도 하다.

그만큼 이 책은 강력한 메시지를 가지고, 책을 읽은 사람들이 지식만 습득하게 하는 것이 아니라 삶에 적용하고 실천하게 만드는 힘까지 가지고 있다. '위대한 평민들의 위인전'이라 말하는 사람이 있을 정도로 이 책에는 평범한 사람들이 가난과 역경을 이겨내고, 피와 땀으로 인생을 최고로 개척해 나간 이야기가 담겨 있다.

아쉽게도 이 책의 저자는 독서보다는 노동을, 책보다는 인생을 더 강조한 듯 보이지만, 실상을 살펴보면, 많은 위인이 한 손에는 책을, 한 손에는 공구나 삽을 들고 있었다.

셰익스피어가 미천한 신분 출신이었지만, 누구보다 열심히 다방면에서 일한 노동자였고, 동시에 철저하게 공부하는 학생이었다고 스마일즈는 말한다. [로빈슨 크루소]의 작가 대니얼 포드 또한 엄청난 귀족이 아닌, 푸줏간 집 아들이었고, [천로역정]의 작가 존 번연도 귀족이 아닌 땜장이 출신이었다고 한다.

그렇다고 이 책의 저자가 직업에 귀천이 있다고 말하는 것은 아니다. 당신이 구두닦이라면 최고의 구두닦이가 되라고까지 조언하기 때문이다. 자기가 무엇을 하든 탁월한 존재가 되겠다고 결단하고 열망을 품으라고 조언해 준다. 또한, 그는 일은 의무가 아니라 축복이며, 발명품의 99%는 근면의 산물이라고 말한다. 그래서 자기 일에 몰입하고, 그 일에 숙달하는 것이 최고의 인생을 사는 길이라고 조언한다.

이렇게 자신의 분야에서 자기 일에 숙달한 전문가가 되고, 최고가 되기 위해서는 한 가지 사실을 잊어서는 안 된다. 그것은 '천천히 가는 사람이 결국 멀리, 높게 간다'는 점이다.

가장 중요한 것은 노력하는 자세를 몸에 익히는 것이라고 그는 말한다. 그러한 자세가 있는 사람만이 하루 12시간씩 20년 동안 바이올린 연주 연습을 한 거장처럼 자신의 분야에서 대가가 될 수 있다.

그래서 이 책의 저자는 인생을 최고로 사는 비결이 탁월한 재능이나 천재성을 타고나는 것이 아니라, 지속적인 몰입과 노력으로 숙달하는 경지에 이르는 것이며, 그러기 위해 인내력과 근면성이 필요하다고 말한다.

끈기와 근면이 부족한 사람은 무엇을 하더라도 전문가가 될 수 없다. 마찬가지로 위대한 성과는 단번에 단시간 내에 얻어질 수 없다. 그것은 한 걸음 한 걸음 오랜 시간 동안 멈추지 않고 전진해야 가능한 것이다.

하루 한 시간, 혹은 하루에 1분이라도 그것이 쌓이면 거대한 업적이 된다. 그래서 매일 조금씩 해 나가는 것이 가장 바람직하다. 끈기가 천재를 이긴다. 재능이 없는 사람이라도 열정이 있으면 가능하다. 열정이 있는 사람은 인내하고 근면하게 일하고, 심지어 일을 통해 즐거움이라는 보상을 얻기 때문이다.

그리고 그 열정과 근면이 실력으로 이어진다. 아무리 실력이 있대도 열정과 근면이 없는 사람은 쉽게 추월당하고 뒤처진다. 하지만 처음에는 실력이나 재능이 없어도 열정과 근면이 있는 사람은 머지않아서 실력만 있는 사람보다 더 뛰어난 실력가가 된다.

열정이야말로 성공의 비결이다. 무엇인가를 하기 위해 끈기와 열정이 필요한 이유는 시행착오와 실패와 시련과 역경에서 우리가 언제나 자유로울 수 없기 때문이다. 오히려 시행착오나 실패를 한 번도 하지 않겠다고 말하는 사람은 너무 쉽고 편한 생각을 하는 것이다. 세상은 그렇게 호락호락하지 않다.

시행착오나 실패, 시련과 역경을 두려워해서는 안 된다. 오히려 실패와 시행착오를 통해 더 많은 것을 배우고, 자신의 부족함을 깨닫고 보완할 좋은 기회로 생각해야 한다.

우리를 힘들게 하고 어렵게 만드는 경쟁자들, 심지어 우리를 해치려는 원수들을 위대한 스승이라고 생각하는 것이 더 큰 자신을 만드는 데 필요한 일이다. 우리를 죽이지 못하는 것들은 우리를 강하게 만든다.

일전에 TV에서 영재 관련 프로그램을 잠깐 본 적이 있다. 영재들의 놀라운 능력을 소개하는 프로그램이었다. 이 프로그램을 보면서 필자는 두 가지 생각을 했다.

첫 번째는 영재들은 정말 천재라는 것이었다. 영재로 소개된 어린 친구들의 능력이 어른의 능력을 뛰어넘어 나를 놀라게 했다. 두 번째는 이런 영재들이 왜 나중에 성인이 되면, 크게 두각을 나타내지 않고 어디로든 사라질까? 라는 생각이었다.

인류 역사를 살펴보면, 많은 신동과 영재들이 존재했지만, 놀랍게도 이런 영재들이 어른이 되면 점차 그 천재성이 사라진다는 것을 알 수 있다. 오히려 어렸을 때는 평범하거나 둔재였던 이들이 후천적인 노력을 통해 천재가 된 경우, 인류 역사에 한 페이지를 장식한 경우가 훨씬 더 많았다.

이 책의 저자도 이와 비슷한 이야기를 한다. 태어났을 때는 신동으로 태어났지만, 자라면서 점차 신동들은 다 사라지고, 태어날 때는 평범했던 사람들이 나중에 천재가 되는 경우가 많다는 것이다.

이 책의 저자는 근면과 열정을 최고의 덕목으로 우리에게 주장하면서도 인격의 중요성도 빼놓지 않고 주장한다. 최고의 재산은 인격이며, 인격은 인간의 가장 고귀한 소유물로서 그 자체로 계급과 신분을 이룬다고 한다. 그리고 신용이란 측면에서는 재산을 의미하기도 한다고 말한다.

교양이 좀 부족하더라도, 능력이 조금 부족해도, 가난해도, 인격이 훌륭한 사람은 어디에서든 언제나 영향력을 발휘하고, 조용히 존재감을 나타낸다. 하지만 인격이 부족한 사람은 어디에 가도 영향력을 발휘하기 힘들다. 인격 자체가 하나의 힘으로 작용하기 때문이다.

세상을 살아가는 데 진정으로 필요한 것은 운이나 요행이 아니다. 과감성과 끈기다. 나약한 사람은 절대 큰일을 해낼 수 없다. 심지어 나약하고 게으른 사람, 거기에 목적도 없는 사람에게는 절대로 행복한 일이 일어나지 않는다. 그들에게 주어지는 행복조차도 발견할 수 없는 상황에서 살기 때문이다.

재산은 다시 벌면 되지만 한 번뿐인 인생은 다시 살 수 없다. 오늘 낭비한 시간은 절대 보충할 수 없다. 그래서 이 책의 저자는 근면, 성실, 열정, 몰입을 강조한다. 시간을 낭비하는 가장 큰 이유가 이런 것들과 반대되는 것들이기 때문이다.

당신에게 열정과 근면과 성실이 있다면, 당신은 누구보다 더 시간을 알차게 보내는 사람이라고 볼 수 있다. 하지만 당신이 게으르고 나태한 사람이라면, 당신은 돈보다 시간을 더 많이 잃어버리는 사람 중 한 명이 될 것이다.

명심하자. 돈은 다시 벌면 되는 것이다. 하지만 시간은 누구에게나 공평한 것이다. 시간은 절대 다시 벌 수 없다. 오늘 보낸 하루는 절대 다시 보낼 수 없다. 그러므로 1분 1초라도 허투루 낭비하지 말고 몰입하고 집중해야 한다.

'시간은 돈'이라는 말이 있다. 하지만 필자가 경험해 본 이 세상에서 시간은 돈 이상의 것임을 깨달았다. 이 책의 저자도 똑같은 이야기를 조언해 준다. 시간은 그 이상의 것이며, 자기 수양이며, 자기 발전이며, 인격 도야와 같은 것이라고 한다.

날마다 하찮은 일이나 게으름 때문에 낭비하는 한 시간이 모이면 몇 년이 되고, 그 몇 년을 제대로만 보냈다면 전혀 다른 사람으로 성장해 있을 사람들이, 꿈에서도 상상 못 한 일들을 거뜬히 해낼 사람들이, 어제와 별반 다를 바 없는 존재로 일생을 살아가서는 안 된다.

일을 통해 얻을 수 있는 즐거움이 이 세상에서 다른 것들을 통해 얻을 수 있는 다른 그 어떤 쾌락과 보상보다도 더 최고의 것임을 우리는 알아야 한다. 자신이 하는 일을 통해 순수한 즐거움과 기쁨을 누리는 사람은 행복한 사람이다. 그런 사람은 일 자체로서도 즐겁지만, 추가로 세상의 보상과 평가를 통해 또 다른 즐거움과 기쁨을 누릴 수 있다.

명심하자. 노동은 지성과 어울리지 않는 것이 결코 아니다. 노동은 우리를 강하게 만들고 정신을 살찌우고 육체를 단련시킨다. 건전한 노동을 하지 않고 빈둥빈둥 시간을 보내면 우리는 여러 가지 유혹을 받아 정신이 피폐해질 수밖에 없다.

이 책의 저자는 자조 정신과 노동의 위대함을 강조한다. 이 책의 첫 문장처럼 '하늘은 스스로 돕는 자를 돕는다'. 그러므로 독자들이여, 먼저 자신을 도와라. 먼저 자신을 성장시키고, 자발적으로 일을 찾아서 하고, 근면 성실하게 그 일에 몰입하고 집중하라. 그러면 세상이 달라 보일 것이고, 무엇보다 스스로 다른 사람으로 성장하는 경험을 마주할 것이다.

book 15

【위대함에 이르는 8가지 열쇠】

- 진 랜드럼

"위대한 사람들은 그들 마음속에 자리 잡은 꿈이 자유롭게 펼쳐질 수
있도록 허락한다. 그들은 결국 자신들이 좋아하는 일들을 추구한다.
그들이 그 일을 재미있어 하지 않았다면 번뜩이는 재능을 발휘할 수
없었을 것이다. 자신의 꿈을 좇아가라. 모든 것을 잃더라도 그 길이 끝
날 때쯤이면 당신이 제대로 찾아왔다는 사실을 알게 될 것이다."

진 랜드럼, [위대함에 이르는 8가지 열쇠], 54쪽

이 책의 저자는 48명의 위대한 인물들의 삶을 연구하여, 그들의 비결을 발견했다. 과연 무엇이 천재를 만들고, 위대함에 이르게 할까? 그는 이 책을 통해 여덟 가지 특징을 이야기한다.

그가 주장하는 가장 중요한 교훈은 위대함이나 어리석음은 타고 나는 것이 아니라 학습되어 더 강화된다는 사실이다. 그래서 그가 주장하는 여덟 가지 특징을 가진 사람들은 계속해서 위대함을 향해 한 발씩 전진해 나가지만, 이러한 특징이 없는 사람들은 갈수록 위대함과는 멀어지게 된다.

그렇다면 그가 말하는 여덟 가지 특징은 과연 무엇일까? 무엇이 평범한 사람들을 위대함에 이르도록 할까?

그가 말하는 첫 번째 특징은 카리스마이다. 성공한 사람들에게는 그들만의 매력과 스타일이 있다는 것이다. 빌 클린턴과 존 F. 케네디가 대통령이 될 수 있었던 비결이 바로 카리스마의 힘이라는 것이다.

카리스마가 있는 사람들은 효과적으로 의사소통을 할 수 있고, 영향력 있는 대화를 이끌어 낼 수 있다. 그래서 카리스마란 사람들과의 상호작용에서 생기는 힘이고, 보통 말이나 표정, 행동들을 통해 타인을 감동하게 하고, 설득하고, 영향을 주는 힘이다.

이런 사람들의 공통적인 특징은 엄청난 에너지와 열정을 가지고 있고, 경외심이 느껴질 정도의 자아 존중감과 자신감을 느끼는 것이라고 한다.

위대함에 이르는 두 번째 특징은 무조건 이기고 싶어 하는 승부 근성이다. 경쟁심은 양날의 검이다. 하지만 이런 마음이 너무 없다면 나태해지고, 아무리 열심히 해도 좋은 성과를 기대하기 힘들다.

시련이나 역경, 경쟁자들이 없을 때는 어떤 훈련을 받더라도 효율성이 떨어진다는 연구 결과도 있다. 경쟁은 우리를 분발하게 하고, 훨씬 더 큰 내적 에너지를 자아낸다. 하지만 지나치게 경쟁적이 되면, 소중한 인간관계를 잃고, 파멸에 이를지도 모른다. 적당한 경쟁심은 자신을 나태하게 만들지 않고, 부단히 노력하게 해서 유익하다. 하지만 지나친 경쟁심으로는 얻는 것보다 잃는 것이 더 많다.

위대함에 이르는 세 번째 특징은 자신감과 자아 존중감이다. 위대한 인물들은 모두 무서울 정도로 확고한 자아상을 가지고 있다고 한다. 성공한 사람들은 자신을 믿는 낙관적인 자아상을 가지고 있다.

이렇게 낙천적인 사람들은 무엇인가를 시도하는 과정에서 실패하거나 실수했을 경우, 즉시 그 실수를 인정하고, 바로잡고, 추가적인 노력을 통해, 실패나 실수를 만회하고 더 높게 도약한다. 하지만 자신을 믿지 못하는 사람들은 실패나 시련, 실수를 하면, 쉽게 무너지고, 추가적인 노력이나 개선에 오롯이 집중하지 못할 정도로 스스로를 책망하고 후회만 하면서 이어지는 일들에 몰두하지 못해서 결국 실패가 연속된다고 한다.

위대함에 이르고, 성공하기 위해서 무엇보다 중요한 것이 바로 자신감과 자존심이다. 우리는 할 수 있다고 믿는 것은 무엇이든 할 수 있다. 두려움을 느끼고 불안해하면 아주 쉬운 일이라도 제대로 해낼 수 없다. 그래서 자신감이 무엇보다 중요한 것이다.

가장 성공하기 힘든 사람들의 특징은 바로 우유부단함이다. 무엇 하나라도 제대로 정확히 결단하지 못하고 우왕좌왕하는 사람들은 큰일을 해낼 수 없다. 자신이 힘들게 결단한 일에 대해서도 계속해서 후회와 아쉬움을 남발한다. 정신을 집중해서 다른 일을 해도 될까 말까 한데, 하는 일마다 정신이 흐트러져서 집중이 안 된 상태로 하므로 좋은 성과를 기대한다는 것은 애초부터 어불성설이다.

이 책의 저자가 연구한 48명의 위인은 모두 보통 사람들보다 훨씬 더 일에 대한 의욕이 넘친 사람들이다. 일 중독자라고 해도 과언이 아닐 정도로 일에 몰두한 사람들이다. 이 책에 소개된 사람들은 하나같이 수년 동안 일만 했다. 하나같이 일을 무척 사랑하기 때문에 누가 시킨 것도 아니고, 돈이나 명예를 위한 것도 아니지만, 주말에도 쉬지 않고,

일만 하는 사람들이다.

동양의 성인 공자도 이러한 원리에 대해 일찍이 말한 적이 있다. 능력이 있는 사람보다 좋아하는 사람, 즐기는 사람이 결국에는 더 잘한다. 즐기는 사람은 자나 깨나 1년 365일 그 일을 한다. 잠을 자면서도, 밥을 먹으면서도 그 일을 한다. 즐기는 사람은 일에 집중력이 엄청나다. 단순히 월급을 받기 위해 일하는 정도의 수준이 아니다. 그들은 돈 한 푼 벌지 못해도, 그 일을 한다.

위대한 사람들은 뭘 하지 않고서는 못 배긴다고 한다. 그래서 주말도, 휴일도, 야간도 없다. 그저 일에 너무 빠져서 자신이 하는 일에 거의 마니아가 된다는 것이다.

이런 이야기를 읽으면 자꾸 필자의 모습이 연상되는 것은 우연이 아닐 것이다. 필자가 평범한 직장인으로 40년을 살아왔지만, 어느 순간 책에 빠져들어, 주말도, 휴일도, 야간도 없이 책을 읽은 뒤의 성과 역시 놀라웠다.

이 책의 저자가 말하는 위대함에 이르는 네 번째 특징은 나무를 보면서도 숲 전체를 보는 직관이다. 위대한 이상을 가진 사람은 모두 먼저 큰 그림을 그리고, 그 이미지를 자신의 꿈을 이루는 도구로 삼았다.

근시안적인 사람들은 눈앞의 문제에 빠져 허우적대느라 전체를 보지 못하고 내면의 비전과 잠재력을 활용할 줄 모른다. 위대함에 이르는 사람의 가장 큰 능력이 바로 이런 깃을 힐 수 있는 능력이나. 사신의 부의식에 자리 잡은 거인의 능력을 누구보다 쉽게 잘 뽑아내고 도약할 줄 아는 사람인 것이다.

아인슈타인과 다윈, 마르크스처럼 괴짜들은 세세한 일들로부터 자신을 한 걸음 물러서게 할 줄 알고, 위대한 통찰과 혁신을 만드는 힘이 바로 전체를 볼 줄 아는 직관에서 나온다고 했다. 이런 사람들을 이 책의 저자는 '비저너리들'이라고 부른다.

이러한 비저너리들은 남다른 능력을 통해 자신의 분야에서 탁월함을 이룬다. 어떤 일을 하더라도 세세한 것들에 얽매이지 않고, 더 큰 것을 볼 줄 알고, 그것에 집중한다. 이 세상이 작은 일에 얽매이도록 설계되어 있음에도 말이다. 사실 이 세상은 지나치게 분석적이어서 창조적인 해결책을 제대로 만들지 못하게 우리를 이끌어 간다. 하지만 큰 틀을 볼 줄 아는 비저너리들은 이에 굴하지 않고, 창조적인 삶을 개척해 나간다.

위대함에 이르는 다섯 번째 특징은 기발함과 반항이다. 위대한 성공을 거둔 사람들은 모두 기존 사회의 규율을 깨뜨린 사람들이다. 그래서 뛰어난 사람들은 자신들이 그렇게 의도하지 않았지만, 외로운 존재들이다.

많은 사람의 기준에서는 그들이 설 자리가 없다. 성공한 사람들은 세상 사람들 모두가 중요하게 생각하지 않는 곳에서 보란 듯이 성공을 거두고, 아무도 쳐다보지 않는 것을 통해 놀라운 일을 해낸다.

때로는 비정상적인 행동들이 위대함에 이르는 물꼬가 되어 주기도 한다. 그래서 괴짜나 이단아가 조용히 순응하는 자들과 모범생들보다 훨씬 더 큰 인생을 산다.

위대함에 이르는 여섯 번째 특징은 엄청난 위험을 감수하는 도전과 모험을 한다는 것이다.

위대한 사람들은 모두 기꺼이 하고 싶은 일을 하기 위해 모든 것을 걸었던 사람들이다. 심지어 자신의 인생을 다 걸고 자신이 하고 싶은 일을 한다. 그런 사람들의 인생은 대부분 파란만장하다. 성공을 향해, 기꺼이 자신의 전 재산을 바치기도 하고 인생을 통째로 걸기도 한다. 한마디로 모험을 기꺼이 감행한다. 한 예로, 마리 퀴리는 방사성 물질의 위험을 알면서도 절대 움츠러들지 않고 연구를 계속해 나가는 모험을 대수롭지 않게 생각했다.

위대한 기업가들 역시 모두 모험을 감행했다. 그들은 엄청난 불확실성을 극복할 수 있는 사람들이다. 비관주의자들은 모험을 감행하지 않기 때문에 성공할 기회를 놓친다. 이에 반해 낙관주의자들은 무모함에도 도전하고, 실패와 시련을 겪어도 더 나은 도전을 절대 포기하지 않는다. 그 덕분에 성공하고 승리하는 쪽은 낙관주의자들이다.

혼나 자동차의 창업자인 소이치로 혼나를 아는가? 만약 그가 비시

건 대학 졸업반 학생들에게 한 말을 보면 실패와 모험에 대한 새로운 시각을 가지게 될 것이다.

"실패를 거듭하고 자신에 대한 성찰을 계속하면서 내가 성공에 이른 게 아닌가 싶습니다. 사실 나의 성공이란 99%의 실패에서 나온 1%의 성과입니다."

같은 책, 282쪽

그의 이러한 실패에 대한 남다른 태도와 자세가 결국에는 그를 위대한 엔지니어, 경영자가 되도록 이끌어 주었다. 혼다의 최종 학력은 중학교 2학년이다. 이런 점을 살펴볼 때, 그를 위대하게 만든 것은 실패를 통해 계속해서 배워 나가는 힘이었다.

이 책의 저자가 마지막으로 이야기하는 위대함에 이르는 특징은 바로 끈기다. 끝까지 포기하지 않는 집념은 그 어떤 특징보다도 더 중요하다. 끈기 있는 사람들은 그 어떤 장애물을 만나도 결국에는 물리친다. 이런 특징이 우리를 성공으로 이끌고 위대하게 만드는 데 가장 중요하다. 넬슨 만델라는 자신의 꿈과 목표를 위해 27년이란 세월을 감옥에서 보냈다. 그가 겨우 좋은 세상을 만났을 때는 인생의 종착점에 가까운 나이인 일흔을 훌쩍 넘긴 때였다.

당신은 과연 27년이란 세월을 감옥에서 보낸다고 해도 그처럼 꿈과 목표를 포기하지 않을 자신이 있는가? 위대함에 이르는 특징 중에 가장 중요한 특징은 바로 이 끈기일 것이다. 어떤 위대한 재능을 가진 천재라 할지라도 끈기가 없는 상태에서 위대한 업적을 만들어 내지는 못했을 것이기 때문이다.

위대한 사람들에게는 위대함에 이르는 그들만의 특별한 비밀을 지니고 있다. 그리고 누구나 위대함에 이르는 열쇠만 가진다면, 위대한 존재가 될 수 있다고 그는 말한다.

위대함은 타고나는 것이 아니라 만들어지는 것이다.

제 6 장

어른의
삶의 기술은
무엇인가?

book 16

【마음이 가리키는 곳으로 가라】

- 리처드 J. 라이더, 데이비드 A. 샤피로

"나는 그 짧았던 아프리카 여행이 뭔가 중요한 의미를 품고 있다는 사실을 알았다. 길을 찾고 싶다면 지금 길을 잃어야 한다는 것이다. 즉, 길을 잃어야 모든 감각을 열어놓고 자신의 내면에 귀를 기울이게 되고, 비로소 마음이 가리키는 곳이 보인다."

리처드 J. 라이더 외, [마음이 가리키는 곳으로 가라], 14쪽

만약에 당신이 고생고생해서 산을 올랐는데, 그 산이 애초에 목적지로 선택했던 산이 아니라면 어떻게 할 것인가? 이 책의 저자와 그 일행들이 바로 이런 황당한 상황과 맞닥뜨리게 되었다.

　　이 책의 저자와 일행은 동부아프리카로 여행을 떠났다. 마사이족 가이드의 도움을 받아서 고생고생해서 산에 올랐는데, 정작 도착하니 그 산이 목적지가 아니라는 사실을 알았다. 설상가상으로 행군 사흘째 되는 날, 급기야 가이드였던 마사이족 사나이마저 길을 잃고 헤매기 시작했다.

　　그런데 다른 사람들은 모두 당황해하며 우왕좌왕했지만, 마사이족 사나이는 그렇지 않았다. 오히려 길 찾는 노력도 하지 않고, 조용히 바닥에 앉아 하늘을 멍하니 바라보는 것이었다.

　　그들은 나중에 그것이 길을 잃었을 때, 새로운 길을 발견하는 방법이라는 사실을 알았다. 외부의 것에 의지하지 않고, 순수하게 내면의 소리에만 귀를 기울이는 것이다. 내면의 소리에 따라 마음이 가리키는 곳을 찾고, 그 방향으로 갔다. 생각보다 오래 걸리지 않아 그 일행은 목적지에 도착했다.

이러한 특별한 경험을 한 저자는 우리에게 말한다. 올바른 길을 찾고 싶다면 지금 길을 잃어야 한다고 말이다. 길을 잃었을 때 우리는 모든 감각을 열어놓고 자신의 내면에 귀를 기울이고, 비로소 마음이 가리키는 곳을 발견할 수 있다.

생의 한가운데 와서야 자신이 원치 않는 곳에 와 있다는 사실을 깨닫는 사람들이 적지 않다. 특히 중년이 되는 시점에서 그러한 사실을 깨닫고 받아들이는 것은 여간 힘든 일이 아니다. 하지만 그때 용기를 내어 그 자리에 멈추어 서서 내면의 소리를 듣고자 해야 한다.

이 책의 저자는 내면의 소리를 들으면서, 재능, 열정, 가치라는 세 가지 측면에서 자신이 진정으로 원하는 삶을 발견하고 마음이 가리키는 곳으로 가는 법을 알려 준다.

그 방법은 누구도 당신처럼 할 수 없는 '그 일'은 무엇인지 질문하는 것이다. 당신만이 할 수 있는, 당신만이 남들보다 더 잘할 그 일은 무엇인가?

이런 질문에 조용히 내면에서 외치는 응답을 들어 보자. 조용히, 잠잠히, 그저 듣기만 해보자.

조용한 울림이 생긴다면 더없이 좋을 것이다. 하지만 처음부터 발견하고, 들을 수는 없을 것이다. 하지만 우리는 자주 내면의 소리를 들어야 한다. 그러다 보면 어느 순간 마음의 소리가 명확하고 정확히 분명하게 들리는 순간이 오기 때문이다.

'내가 즐거움과 도전으로 가득 찬 상태에서 할 수 있는 그 일은 무엇인가?', '먹고 살기 위해 몸을 움직이는 것이 아니라 존재의 기쁨을 느낄 수 있는 일은 무엇인가?', '온종일 일하면서도 휘파람을 부는 것을 잊지 않게 해주는 유일한 일은 무엇인가?', '평생 일한다고 해도 열정이 도저히 식지 않을 그런 일은 무엇인가?'

이러한 질문에 대해 조용히 내면에서 외치는 응답을 듣고, 우리는 하고 싶은 일을 시작해야 한다. 열정이 나오지 않는 일을 하면서 위대한 성과를 창출할 수는 없다. 성과 측면이 아니더라도 일하는 종일, 그다지 즐겁지도 신나지도 가슴 설레지도 않는다면 우리는 인생을 낭비하는 것인지도 모른다. 하루하루 먹고살기 위해 우리의 인생을 하루살이로 전락시키는 것과 다름없다. 그 시간에 즐거움과 도전으로 가득 차 신나게 최고의 인생을 살 수도 있는데 말이다. 너무 아깝지 않은가? 당신의 인생이 말이다.

인생에 있어서 가장 큰 손해는 즐겁지도, 신나지도 않은 일을 먹고 살기 위해 직업으로 선택해서 하는 것이다. 일하는 시간도 아깝지만, 더 안타까운 것은 스스로 눈부신 인생의 가능성을 말살한다는 점이다.

열 배 정도 더 신나고 즐겁고 행복하고 눈부신 인생을 충분히 살아낼 수 있는 당신이 그렇게 살지 못하는 이유는 생계에만 집착하기 때문이다. 즉, 먹고 사는 일에만 집착하다 보니 방어만 하는 인생을 살게 되는 것이다.

축구에서 방어만 하면 아무리 잘해도 한 번의 실수로 진다. 그래서 축구 강팀들은 방어보다는 공격에 더 집중한다. 그래서 한두 번 방어에 실패해서 실점해도, 공격을 통해 역전한다.

인생도 마찬가지다. 먹고 사는 일에 집중하지 않고, 자신의 소명을 따르는 삶을 발견하고, 자신의 재능을 발휘하면서, 자신만이 할 수 있는 일을 할 때 당신은 인생에서 승리하고, 성공하고, 비로소 살아있음을 경험할 수 있다.

우리가 재능을 발견하기 위해 내면의 소리에 귀를 기울여야 하는 이유도 바로 이것이다. 우리가 잘할 수 있는 것을 넘어 즐기기까지 할 수 있는 일을 발견하면 수비에서 공격으로 바뀔 수 있다.

그러므로 시간 가는 줄 모르고 푹 빠져서 할 수 있는 일을 찾아야 한다. 그것에 소명이 있고, 그것이 마음이 가리키는 길일 수 있기 때문이다. 이 책의 저자는 우리 대부분이 살아가는 동안 재능을 발휘할 수 있는 길을 찾기보다는 오히려 억누르기에 급급한 행동을 선택해 길을 가는 경우가 더 많다고 한다. 많은 사람이 처음부터 그렇지는 않지만, 현실이라는 암초를 만나면 어김없이 좌초하면서, 결국 그렇게 살아가야 한다고 믿는 길을 가게 된다고 말한다. 하지만 삶이란 자신의 본질을 찾아가는 과정이어야 한다. 그리고 그 과정은 가치 있는 일을 발견하고 실제 하는 것이다.

자신의 재능을 발휘할 수 있는, 정말 하고 싶고 가치 있는 일을 발견하고, 그것을 실천하는 길을 선택하는 것이 왜 중요할까?

노벨문학상 수상자인 윌리엄 포크너의 표현에 따르면, '어제고 오늘이고 인간이 매일같이 8시간 동안 계속할 수 있는 것은 바로 일work뿐'이기 때문이다.

일은 재능과 열정, 가치와 연결되어 있어야 한다. 이 점은 매우 중요하다. 그렇지 않으면 일이 고역일 뿐이고, 그저 돈벌이 수단으로 전락해 버린다.

재능과 열정과 가치와 연결되지 않은 일을 할 때마다 우리는 조용한 절망이 가득 찬 곳, 혹은 황폐한 곳으로 끌려가는 기분에 빠진다. 그리고 사실이 그렇다. 우리는 일하면서 하루하루 조용히 절망할 뿐이다.

이 책의 저자는 일상을 기적으로 만드는 법에 몇 가지 좋은 조언이 될 만한 이야기를 해준다.

필자가 좋아하는 영화가 있다. 바로 [인생은 아름다워Life is Beautiful]라는 영화다. 그런데 이 책의 저자 역시 이 영화 이야기를 통해 지옥 같은 현실을 기적으로 만들어 낸 이야기를 한다.

지옥의 수용소인 아우슈비츠 수용소에 그 아버지와 어린 아들이 끌려갔다. 아버지는 아들을 살리기 위해, 그리고 아들이 수용소의 비참한 현실에 공포와 두려움을 느끼지 않게 하기 위해, 수용소 안에서 벌어지는 모든 끔찍한 일이 사실은 그저 게임에 불과할 뿐이고, 그 게임에서 1등을 하면 탱크를 태워 준다고 아들에게 거짓말을 한다.

수용소에 있으면서 아들은 게임에 몰두하고, 그 덕분에 끔찍한 수용소에서 공포와 두려움과 거리가 먼 즐거움을 느끼며 지낸다. 그러던 중 어느 날 아버지는 아들이 보는 앞에서 처형당하기 위해 잡혀간다. 생명의 불꽃이 곧 꺼지는 그 절체절명의 마지막 순간에도 아버지는 자신을 생각하지 않고 아들을 생각한다. 자신의 어린 아들에게 게임 중임을 강조하기 위해(게임이 아닌 것을 알면, 곧 공포와 두려움으로 떨면서 나쁜 일을 당할 수 있기 때문) 어설픈 연기를, 생애 마지막 처절한 연기를 한다.

그 아버지는 비참하기 그지없는, 지옥 같은 수용소에서 자신의 삶과 자신보다 더 큰 것(아들, 아들에 대한 사랑)에 헌신한다. 그 결과 기적이 일어난다.

일상을 기적으로 만드는 법도 이것이다. 자신의 삶보다 더 큰 것에 헌신하는 것이다. 그것에 몰두하는 것이다. 다른 말로 자신의 삶보다 더 가치 있는 것에 집중하는 것이다.

"다시 한번 말하지만, 귀를 기울이는 것이 우선이다. 과거를 후회할 필요도, 현재에 안달할 필요도, 미래를 걱정할 필요도 없다. 어떤 순간이든 나름의 이유와 교훈이 있기 마련이다."

같은 책, 154쪽

160

그렇다. 우리는 먼저 우리 내면에 귀를 기울여야 한다. 그 이유는 우리가 진짜 들어야 할 소리는 외부에 있지 않기 때문이다.

우리가 얼마나 높게, 어떻게 성공할 것인가를 결정하고 성취하게 하는 힘은 외부가 아니라 내면에 있다. 자신의 이익만을 생각하고 인생의 소명을 선택하는 사람은 결코 높게 날 수 없다.

어떻게 하면 하는 일을 통해 다른 사람을 도울 수 있을까? 어떻게 하면 타인의 삶이 어제보다 더 좋아질까? 무엇을 하면 세상이 조금이나마 더 나은 곳으로 바뀔 수 있을까?

이 문제를 진정으로 생각해야 한다.

소명이라고 거창한 일을 목표로 삼아서 무엇인가를 해야 하는 것은 아니다. 자신의 삶에서 인류에게 유산이 될 것을 선택하고 행동하는 작은 실천이 필요한 것이다. 한 예로, 오스카 쉰들러는 독일의 평범한 사업가였지만, 인류에게 큰 유산을 남겼다. 그는 나치 치하에서 수백 명의 유대인을 구했다.

인류에게 유산을 남기기 위해 우리가 해야 할 일은 특별한 일이 아니다. 우리가 하루하루 살아가면서 하는 말과 행동은 다른 사람의 삶에 영향을 준다. 우리가 무심코 한 사소한 말과 행동으로 희대의 살인마가 탄생할 수도 있고, 링컨 대통령 같은 위인이 탄생할 수도 있다. 우리는 어떤 생각들을 수없이 하면서 살아간다. 그 생각들조차도 쉴 새 없이 파장을 만들어 세상을 변화시킨다는 사실을 인식하자.

명심하자. 지금 우리의 결정이 10년 후에는 어떤 영향을 주고, 어떤 일을 탄생시킬 것인가를 생각하며 살자. 인생은 그냥 왔다 가는 것이 아니다. 어른의 삶은 그래야 한다. 나무는 나무다워야 하고, 호랑이는 호랑이다워야 한다. 어린이는 어린이다워야 하고, 어른은 어른다워야 한다.

삶과 죽음에 대한 깊은 성찰과 연구와 위대한 세 가지 질문으로 그 결과를 정리한 [인생수업]이라는 책의 저자인 엘리자베스 퀴블러로스는 삶의 이유와 의미를 찾고자 한다면 아래의 질문들에 대해 '예'라고 답할 수 있어야 한다고 말한다.

'살면서 그대는 사랑을 주고받았는가?'
'살면서 그대는 할 수 있는 모든 것을 했는가?'
'살면서 그대는 이곳을 조금이나마 살기 좋게 만들었는가?'

삶의 의미와 이유, 본질을 찾아야 하는 이유는 아주 간단하다. 삶의 허무함과 공허함으로 좁은 세계에 갇혀 살아서는 안 되기 때문이다. 그런 삶은 진정한 삶이 아니며, 잘 사는 삶도 아니다.

어느 철학자의 말처럼, 우리는 '그저' 살아서는 안 된다. 잘 살아야 한다. 잘 산다는 것, 제대로 삶을 살아간다는 것은 바로 삶의 본질을 발견하고, 자신의 소명을 찾아서, 자신의 열정과 재능과 가치를 가장 잘 발휘할 수 있는 일을 하고, 그렇게 살 수 있는 인생길을 가는 것이다.

제대로 삶을 살아간다는 것에 관해 이 책의 저자는 아주 잘 설명해 놓았다. 그대로 독자들에게 전해 주는 것이 훨씬 더 생산적이고, 효과적이라는 생각에 옮겨 본다.

"사랑의 발자취, 재능과 소망의 발자취, 그리고 '나'라는 존재가 세상에 미친 영향으로서의 발자취를 남기고 싶다면 본질적인 삶의 이유를 발견하고 그것을 내재화할 필요가 있다. 오로지 자기 욕망의 틀 안에만 갇혀 있거나 진실과 동떨어진 삶에는 자신의 본질이 반영되기 어렵다. 또 이런 기반 위에서는 진정한 창의력을 기대하기도 힘들다. 진정한 창의력─영혼의 열정─이란 무아지경에 빠져 일에 몰입할 때 나오는 법이다. 내면에서, 즉 자신의 본질에서 이러한 에너지가 우러나올 때 비로소 우리는 제대로 삶을 살아가고 있는 것이다."

같은 책, 141쪽

당신의 삶이 일을 통해 진정한 즐거움을 느끼고, 진정한 창의력과 열정이 샘솟는 삶이 아니라면, 지금 당장 내면의 소리에 귀 기울이고 그 부름에 따르도록 하자. 필자는 바로 이런 이유로 11년 동안이나 잘 다니던 좋은(?) 직장을 하루아침에 내팽개치고 내면의 소리를 따라 부산으로 이사 가서 3년 동안 도서관으로 매일 출근(?)하면서 3년 1,000일

독서를 실천했는지도 모른다. 3년 동안 도서관에 무임승차해서 출근하는 일에는 그 어떤 인정도, 보상도, 월급도 없다. 하지만 천일 독서를 하면서 필자에겐 진정한 즐거움과 창의력과 열정이 샘솟았다.

book 17

【폰더 씨의 위대한 하루】

- 앤디 앤드루스

"오늘부터 나는 새로운 나를 창조함으로써 새로운 미래를 만들겠다.
나는 낭비한 시간, 잃어버린 기회를 아까워하며 절망의 구렁텅이에
빠지지 않겠다. 과거의 일은 아무리 사소한 것이라도 바꿀 수 없다.
하지만 나의 미래는 곧 다가온다. 나는 미래를 양손으로 움켜쥐면서
적극적으로 미래를 개척해 나가겠다. 아무것도 하지 않는 것과 뭔가
해야 하는 것 중 하나를 선택하라면 나는 늘 행동하는 쪽을 선택하
겠다. 나는 이 순간을 잡는다. 지금을 선택한다."

앤디 앤드루스, [폰더 씨의 위대한 하루], 102쪽

우리가 만들지 않은 인생은 없다. 이것이 이 책의 핵심 메시지다. 우리는 인생에 책임을 져야 한다. 행복한 사람은 행복을 결단하고, 행동하는 선택을 했고, 불행한 사람은 불행하기를 선택했다.

지금 당신이 성공하거나 혹은 실패한 사람이라면, 그리고 이도 저도 아닌 어정쩡한 사람이라면, 그 모든 것을 선택하고 결단하고 행동한 주체는 바로 당신 자신임을 알아야 한다.

이 책은 이러한 사실을 실직당한 데이비드 폰더라는 사람을 통해 우리에게 일깨워 주는 책이다. 올해 마흔여섯인 그는 직장도, 돈도, 인생의 목적도, 아니 그 어떤 것도 가진 게 없는 사람이 되었다.

23년 동안 열심히 회사에 충성하며 다녔지만, 하루아침에 적대적 기업 인수로 쫓겨나는 신세가 되었다. 엄청난 충격과 함께 실직당한 데이비드 폰더는 앞날이 막막했다. 그리고 7개월이 지났다. 인생이 완전히 거덜 난 느낌이었다.

인생에서 최악의 상황, 최악의 순간에서 폰더는 놀라운 일곱 사람을 만나, 인생을 용감하고, 지혜롭게, 제대로 살아낼 수 있는 7가지 요소를 배우는 이상한 경험을 하였다.

첫 번째 만남의 주인공은 미국의 33대 대통령인 트루먼이었다.

데이비드는 트루먼과의 대화를 통해 인생을 살아가면서 꼭 배워야 할 것들을 하나씩 배우게 되었다. 트루먼과 데이비드가 나눈 대화의 핵심은 이것이었다.

우리의 오늘의 모습은 결코 외부의 영향 때문이거나, 타인 때문이 절대 아니라는 사실을 명심하라는 것이다. 우리가 지금 살아가는 이 상황은 우리가 선택한 것이고, 우리가 이미 생각한 것임을 알아야 한다고 말한다. 좀 더 구체적으로 표현하면, 지금 우리가 맞닥뜨리는 이 상황으로 우리 자신을 내몬 것은 다름 아닌 우리 자신의 사고방식 때문이라는 것이다. 우리의 지금 생각은 우리가 오늘 하루를 어떻게 보낼 것인지를 결정한다. 우리의 생각은 우리가 어떤 사람을 만나고, 어떤 활동을 하며, 어떤 일을 하며, 어떻게 시간을 보낼 것인지를 결정한다.

그리고 이러한 수많은 결정과 선택이 수많은 작은 행동이 되어 결과적으로 당신의 미래를 결정한다. 그러므로 우리는 이 사실 한 가지를 명심해야 한다. 우리의 모습은 어제 그리고 더 많은 과거의 수많은 나날 속에서 스스로 선택한 행동의 총체이다.

명심하자. 지금 이 순간 역경이 찾아오면 그것은 해결해야 할 문제가 아니라, 또 다른 미래를 위해 지금 선택해야 할 문제일 뿐이다. 인생은 선택의 연속이고, 그 수많은 선택의 결과가 인생의 총체적인 결과의 모습과 질을 결정할 뿐이다.

역경을 두려워하지 말자. 역경은 위대함으로 나아가는 관문이고, 여기서는 예비학교일 뿐이다.

두 번째 만남의 주인공은 지혜의 왕 솔로몬이었다.

솔로몬은 데이비드에게 지혜의 중요성과 지혜를 찾는 방법에 대해 소중한 깨달음을 주었다. 솔로몬과 데이비드의 만남에서 얻은 중요한 교훈을 정리하면 이렇다.

우리는 모두 훌륭한 인생을 살아내기 위해서 지혜를 찾아 나서야 한다. 지혜를 찾겠다고 결단하고 행동할 때 가장 먼저 선택해야 하는 것은 친구들이다. 닭을 친구로 사귄다면 매일 땅을 후벼파며 빵 부스러기를 쪼아 먹는 법을 배울 것이고, 독수리를 친구로 사귄다면 하늘 높이 나는 법을 배울 것이다.

그러므로 시시한 사람들을 자주 만나지 말고, 현명한 사람들을 자주 만나야 한다. 왜냐하면, 사람은 평생 환경에 영향을 받으며 살기 때문이다. 그리고 더 중요한 것은 그 환경을 우리 스스로 선택해서 만들 수 있다는 사실이다. 물론 노력과 시간과 정성이 필요하다. 하지만 지혜를 찾고 더 성숙한 사람이 되기 위해서 이 정도 노력은 당연히 필요하다.

동양고전 [소학]에 나오는 고사성어 중에 '근묵자흑'이란 말이 있다. 먹을 가까이하다 보면 자신도 모르게 검어진다는 뜻이다.

지혜의 왕 솔로몬조차도 항상 현명하고 훌륭한 사람들을 늘 가까이 두고서 조언을 구했다. 그러므로 우리는 친구나 친지를 조심스럽게 사귀어야 한다. 게으르고 나태하고 무책임하고 신뢰할 수 없는 사람을 사귀면, 우리의 인생도 그런 친구를 따라서 시시해지고 만다.

현명한 사람의 조언을 거부하는 것은 바보들이나 하는 짓이다. 조언은 듣기 거북하지만, 사람을 안전하게 지켜 주고 올바른 길로 인도한다. 아첨꾼이나 교언영색에 가까운 사람을 멀리하고 조언해 주는 사람을 가까이하는 것이 지혜를 찾는 것이다.

지혜를 찾는 방법 중에 가장 효과적인 방법은 우리가 이루고 싶은 일을 이미 성취한 사람들을 찾아가 그의 말을 경청하는 것이다. 더불어 현명한 사람은 봉사하는 사람이라고 솔로몬은 전해 준다. 왜냐하면, 가장 많이 봉사하는 사람이 가장 빨리 성장하기 때문이다.

데이비드는 두 번째 만남 후 다음과 같은 것들을 결심했다. 남들에게 봉사하는 사람이 되겠다는 것, 현명한 사람의 조언에 귀 기울이겠다는 것, 조심스럽게 친구들을 선택하겠다는 것이다.

세 번째 만남의 주인공은 남북전쟁 당시의 체임벌린 대령이었다.

총알이 빗발치는 전투 상황에서의 만남이었다. 이 극적인 만남을 통해 데이비드는 엄청난 교훈을 얻었다. 그리고 그는 세 번째 결단을 했다. '나는 행동을 선택하는 사람'이 되겠다고.

"오늘부터 나는 새로운 나를 창조함으로써 새로운 미래를 만들겠다. 나는 낭비한 시간, 잃어버린 기회를 아까워하며 절망의 구렁텅이에 빠지지 않겠다. 과거의 일은 아무리 사소한 것이라도 바꿀 수 없다. 하지만 나의 미래는 곧 다가온다. 나는 미래를 양손으로 움켜쥐면서 적극적으로 미래를 개척해 나가겠다. 아무것도 하지 않는 것과 뭔가 해야 하는 것 중 하나를 선택하라면 나는 늘 행동하는 쪽을 선택하겠다. 나는 이 순간을 잡는다. 지금을 선택한다."

같은 책, 102쪽

데이비드가 만남을 통해 얻은 최고의 교훈은 절대 실패를 두려워하지 말라는 것이다. 실패는 그저 그만두기를 좋아하는 사람에게나 있는 것이기에, 절대 그만두지 않을 것이며, 스스로 용감한 리더이고, 순간을 절대 놓치지 않고 행동을 선택하는 사람이 되겠다고 다짐했다.

네 번째 만남 역시도 극적이다.

심한 구토와 멀미를 느끼는 배 안에서의 만남이었는데, 이번에 데이비드가 만난 사람은 콜럼버스였다.

이 만남을 통해 데이비드는 망설이는 것은 전능하신 하느님께서 우리의 삶에 일으키는 기적을 방해한다는 사실을 깨달았다. 그러므로 단호한 마음을 가지는 것은 매우 중요하다. 단호한 마음을 가지지 못한 사람은 언제나 의심하고 망설이고 기다리기만 한다. 절대로 완벽한 때란 없는 데도 많은 사람이 기다리고, 망설이기만 한다.

단호하지 못한 사람들, 결단력이 없는 사람들이 완벽한 때를 기다리고 성공을 의심하며 망설일 때, 단호한 사람들은 이미 저멀리 내달린다. 비록 수없이 넘어지고 또 넘어졌다고 해도 그들은 망설이기만 하는 당신보다 훨씬 더 큰 거인이 되어 간다.

천릿길도 한걸음부터이듯 기다리고 망설이는 사람보다 한 걸음이라도 먼저 두려움을 극복하고, 내딛는 사람이 운명을 스스로 개척하는 사람이 된다. 우리가 가진 모든 문제는 우리가 그것을 회피하지 않고 직접 대면할 때 축소되고 움츠러든다.

우리는 다른 사람들의 비판, 비난, 불평 등에 너무 많은 영향을 받는다. 누군가의 조언을 경청하는 것과 타인의 비판이나 비난, 불평에 흔들리는 것은 전혀 다른 일이다. 전자는 자신의 인생과 발전에 꼭 필요한 요소이지만, 후자는 경계해야 하는 요소이다.

다섯 번째 만난 이는 안네 프랑크이다.

이 만남을 통해 데이비드는 행복과 불평에 대해 많은 것을 깨달았다.

안네는 매일 잠에서 깨어나면 거울을 보며 큰소리로 이렇게 말한다. 설혹 슬픈 일이 있더라도 미소 짓고 웃으며 '오늘 나는 행복한 사람이 될 것을 선택하겠다'라고 말이다.

안네는 말한다. 우리의 성격, 습관, 심지어 말버릇은 우리가 만난 사람들, 우리가 읽은 책들, 우리가 선택한 행동과 생각들의 총합이라고.

'행복이 무엇일까?', '어떻게 해야 행복한 사람이 될 수 있을까?', '어떻

게 하면 행복하게 하루하루 살아갈 수 있을까?'

이 질문들에 아주 좋은 대답이 있다. 바로 데이비드가 성공을 위해서 내린 다섯 번째 결단이다.

> "지금 이 순간부터 나는 행복한 사람이다. 왜냐하면, 나는 행복의 개념을 완벽하게 이해했기 때문이다. 행복은 하나의 선택이다. 행복은 어떤 생각과 행동, 내 신체 속에 화학적 반응을 일으키는 생각과 행동의 총합이다. 이 황홀한 느낌은 어떤 사람에게는 막연하게 느껴지겠지만 나는 이제 그것을 확실하게 통제한다."

같은 책, 149쪽

행복한 사람이 될 것을 선택하자. 모든 것에 감사하고, 좋은 생각들로 가득 채워서 열정과 긍정 에너지가 넘치는 사람이 되자. 남과 비교하지 말자. 우리는 스스로 선택하기만 하면, 행복한 사람이 될 수 있는 존재다. 하느님은 우리에게 많은 선물을 주셨다. 우리는 매일매일 웃으며 살 수도 있고, 불평과 불만으로 살아갈 수도 있다. 선택은 우리의 몫이다. 지금 당장 행복한 사람으로 살아갈 것을 선택하자.

여섯 번째 만난 이는 많은 미국인이 존경하는 링컨 대통령이다.

링컨과의 만남을 통해 데이비드는 용서의 비결에 대해서 큰 깨달음을 얻었다.

링컨은 자신이 훌륭한 남편, 아버지, 친구, 대통령이 될 수 있었던 것은 바로 용서하는 마음을 가지고 있었기 때문이라고 말한다.

우리는 누군가가 우리에게 한 짓이 너무 화가 나고 억울해서 온통 그 사람과 그 사람이 했던, 말도 되지 않는 나쁜 행동 때문에 다른 일을 전혀 못 하고, 그로 인해 일상생활에 지장을 받을 정도로 힘들고 괴로웠던 적이 있다.

즉, 우리에게 나쁜 짓을 한 사람으로 인해 모든 에너지가 소진되어 버린 경우가 적지 않다. 그때 우리는 분노와 적개심으로 사업에서도, 인간관계에서도, 사회생활에서도, 직장에서도, 가정에서도 실패를 겪는 경우가 많다. 하지만 아주 간단한 비결 하나를 통해서 상당한 성공을 거둘 수 있다. 그 비결은 다름 아닌 용서의 비결이다.

용서의 비결은 돈 한 푼도 들지 않지만, 수백만 달러의 가치가 있는 비결이다. 그리고 여기서 중요한 것은 용서를 비는 사람에게만 용서를 하는 것이 아니라는 사실이다. 오히려 나쁜 짓을 하고, 당신을 분노와 적개심으로 치 떨게 하는 사람의 대부분은 용서를 구하지 않고, 자신의 잘못을 제대로 인식하지도 못한다. 그러므로 용서는 공짜로, 아무 대가도 없이 나누어 주는 선물이라는 개념을 이해하는 것이 중요하다고 말한다.

즉, 용서는 용서받지 못할 자에게 아무 대가도, 아무 조건도 없이 나누어 주는 선물이며, 행위여야 한다. 그렇게 할 때 우리는 분노와 적개심의 노예가 되는 것을 예방할 수 있다.

이 세상에는 분명 몰상식한 사람들이 존재한다. 그런 사람들이 무심코 내던진 말이나 행동에 분노와 적개심으로 자기 자신이 쉽게 흔들리고 요동치면서 일상생활에 큰 지장을 받는 경우도 많다. 하지만 우리는 매일 용서하는 마음으로 하루하루를 살겠다고 결단하고 선택할 수 있다. 우리를 부당하게 비판하는 사람들도 용서할 것이라고 결단하자.

무엇보다 우리 자신을 용서하자. 지금까지 가장 큰 적은 우리 자신이었다. 우리가 저지른 모든 실수, 모든 착오, 모든 좌절은 우리 마음속에서 우리를 괴롭혀 왔다. 우리는 그런 사실을 거듭거듭 반추하면서, 우리를 작아지게 만들었다. 지키지 못한 약속, 낭비된 시간, 도달하지 못한 목표로 인해서 우리 스스로 마비당하는 것을 허용했다. 이러한 결과들에 당황하고, 실망하면서 더욱더 실망의 수렁으로 빠져들어, 스스로를 용서하지 못하게 만들었다.

이렇게 계속 살아간다면 우리는 우리 자신의 과거에서 벗어나지 못한다. 그 결과 미래를 창조할 힘도 없어져, 끌려가는 삶을 살게 된다. 데이비드가 얻은 여섯 번째 교훈도 바로 이런 것이었다.

그러므로 누구보다도 먼저 자신을 용서해 주자. 더 나아가서 자신에게 나쁜 짓을 한 사람들, 부당하게 비판하고 비난한 사람들, 악의적으로 고소한 사람들까지도 용서해 주자.

시공간을 뛰어넘는 이 역사 여행의 마지막 만남의 주인공은 가브리엘 대천사였다.

데이비드는 가브리엘이 준 두루마리를 펼쳐서 읽었다. 그 후 그는 어떤 상황에서도 물러서지 않겠다는 결단을 할 수 있었다. 대천사 가브리엘은 데이비드에게 말한다. 인생이라는 게임에서 하프타임의 스코어는 정말 아무것도 아니라고, 인생의 비극은 게임에서 진다는 것이 아니라, 이길 수 있는 게임에서 포기함으로써 지는 것이라고 말이다. 정말 충격적이었다.

우리 역시 노련한 선장처럼 뱃전을 강하게 때리는 폭풍우를 두려워하기보다는 등대에 시선을 고정하고, 단 한 순간의 낙담도 끼어들지 못하게 하자. 그것이 어른의 삶이다.

독자들이여. 지혜를 찾아 나서자. 행동을 선택하자. 우리 운명은 우리가 개척하자. 그리고 무엇보다 오늘 행복한 사람이 될 것을 선택하고, 매일 용서하는 마음으로 살자. 그리고 마지막으로 어떤 상황에서도 물러서지 않겠다고 결단하자.

book 18

【사소한 것에 목숨 걸지 마라】

- 리처드 칼슨

"우리가 '다른 계획들'을 세우느라 바쁠 때, 우리의 아이들은 성장하고, 우리가 사랑하는 사람들은 사라져 가거나 죽어 가고, 우리의 육신은 형편없이 망가져 가고, 우리의 꿈은 사라지고 있습니다.

한마디로 말해, 우리는 인생에서 줄곧 기회를 놓치고 있는 것입니다.

...... 지금 이 순간이 우리가 가지는 유일한 시간이고 우리 자신이 통제력을 발휘할 수 있는 유일한 시간입니다."

리처드 칼슨, [사소한 것에 목숨 걸지 마라], 39쪽 당신은 오늘 하루 어떤 삶을 살았나? 온종일 걱정과 근심, 염려와 두려움, 아쉬움과 후회, 자책과 분노, 짜증과 스트레스 속에서 하루를 보낸 것은 아닌가?

온종일 삶에 쫓겨 살다 보니, 눈부신 하늘을 한 번도 쳐다보지 못한 것은 아닌가? 하루하루의 즐거움을 상실한 채 살고 있지는 않은가?

우리가 이렇게 힘겨운 하루하루를 살고 있다면 그 이유는 무엇일까? 이 책의 저자는 한마디로 당신의 관점 때문이라고 말한다. 그래서 당신을 괴롭히는 그 일이 지금부터 백 년 후에도 당신에게 큰 의미를 지닐 것인지를 관점을 바꾸어 생각해 보라고 조언해 준다. 즉, 지금부터 백 년 후에도 이 일은 나에게 중요한 것일까를 말이다. 그리고 이런 질문에 관해서 이 책의 작가는 일관되게 말한다. 그건 그저 사소한 것일 뿐이라고 말이다.

이 책의 주된 결론은 '절대 사소한 것에 목숨 걸지 말라는 것'이다. 그리고 덧붙여 이야기하는 결론은 '모든 것은 사소한 것'이라는 메시지다.

인생의 길을 걷다 보면 예상치도 못한 여러 상황과 만나고 빠져들어

177

허우적댈 때가 많다. 그럴 때마다 항상 허우적대야 하는 것일까?

누군가가 정신병자처럼 우리를 괴롭히는 일에 집착할 때, 입에 담기 힘든 비난과 험담을 하는 사람들이 생겼을 때, 그것도 심지어 아주 친했던 사람들이 다 등을 돌리고 자신과 원수가 되어 자신을 파멸시키려고 할 때, 당신은 어떤 삶을 살아갈 수 있을까?

그 문제에 얽매여서 하루하루 좌절과 분노와 후회와 자책과 혼란과 실망과 원한으로 가득 찬 채 살아갈 것인가? 아니면 그 일과 무관하게 하루하루를 더욱더 생기 넘치게, 즐겁게, 신나게 살아갈 것인가? 어떤 삶을 살 것인가는 우리가 만나는 일이 결정하는 것이 아니라, 우리 자신이 결정한다.

이 책의 핵심 메시지는 바로 이것이다. 당신이 살아가는 인생길에서 좀 더 가치 있고 건설적으로 의미 있게 제대로 살아가도록 하는 것은 다름 아닌 당신의 선택과 행동이다.

무엇인가에 얽매여 안달복달하며, 집착하고 번뇌하는 인생에서 벗어나, 조화롭고 평화롭고 유익한 인생길을 걷기 위해 우리에게 필요한 것은 무엇일까? 그것은 반응reaction이 아니라, 전망persective의 방식이다.

누군가나 혹은 어떤 일이 우리를 화나고 두렵게 하면, 우리는 지금까지 그대로 반응reaction하여, 화내고, 분노하고, 두려워했다. 하지만 이 책의 저자는 그렇게 반응하는 낡은 습관 대신 전망perspective하는 새로운 습관을 통해 좀 더 차원 높게 그 문제를 다룰 것을 제안한다. 지금 현재 당신을 괴롭히고, 치 떨게 만드는 일이 있는가? 그렇다면 좋다.

당신이 이 책을 통해 배워야 할 생각과 선택, 행동은 먼저 '당신을 미치도록 괴롭히는 그 일에 절대 목숨 걸지 말라는 것'과 '그 일은 절대로 중요한 것이 아니라 사소한 것이라는 사실을 명심하는 것'이다.

그렇다. 지금 당장 당신을 미치게 하고, 지치게 하고, 힘들게 하는 것이 있다면, 그 일이 1년 후에도 여전히 당신을 그렇게 미치게 하고, 지치게 하고, 힘들게 할 일인지를 생각해 보라. 아마도 대부분의 일을 1년이 지나면 웃으면서 되돌아볼 수 있을 것이다.

어른이라면, 세상만사를 너무 심각하게 받아들여, 화내고, 당혹감을 느끼고, 우왕좌왕하면서 많은 에너지를 빼앗기는 것보다, 가족과 함께 즐겁게 지낸다거나 더 창의적인 일을 해야 한다.

이 책은 우리에게 인생은 공평하지 않다는 사실을 늘 기억하고, 어떤 불공평한 일을 당해도 불평하는 데 아까운 시간과 에너지를 낭비하지 말라고, 불필요한 자기 연민에 빠져, 슬프고 우울한 기분으로 살아가지 말라고 조언해 준다.

세상이 불공평하다는 사실을 인식하고, 통찰하는 것만으로도 우리는 우리 자신뿐만 아니라 다른 사람에게도 동정심을 느끼고, 그 결과 타인에게 좀 더 사랑과 친절을 베풀게 된다. 그러므로 조화로운 삶을 사는 방법의 하나는 '자신을 심심해지도록 그냥 내버려 두라'는 것이다.

우리 인간은 존재로서의 인간human beings이 아니라 자꾸만 행위로서의 인간^{human doings}으로 변하고 있다. 우리는 늘 무엇인가를 해야 한다는 강박관념에 사로잡혀 있다는 것이다. 그래서 진정한 휴식은 '때로는 아무것도 하지 않는 것'이며, 그러한 것을 통해 우리가 얻을 수 있는 것은 마음을 깨끗하게 만들고 긴장을 푸는 것이다.

명심하자. 인생은 절대 비상사태가 아니다. 전쟁이 일어난 것도 아니고, 지진이 발생한 것도 아니다. 그러므로 제발 여유를 가지고 느긋하게 인생을 즐기는 것이 어떨까? 우리는 인생의 목표와 의무를 너무 신중하게 받아들여서 하루하루 삶의 과정의 즐거움과 기쁨, 행복을 느끼지 못한다.

또, 인생을 행복하고 즐겁게 살아가게 해주는 인생 기술은 '우리가 아는 사람들을 때로는 아주 어리거나 나이 많은 노인으로 상상해 보라'는 것이다.

우리는 하루에도 수많은 사람을 만난다. 친한 사람도 있고, 친하지 않은 사람도 있다. 그들 중에는 당신을 이유도 없이 성가시고 화나게 하고, 비난을 퍼붓고, 험담해서 당신을 깔아뭉개려는 사람도 있다.

이런 사람을 잠시 아주 어린 사람, 철들지 않은 7살 어린애라고 생각해 보자. 그러면 그 사람에 대한 분노와 원망은 오뉴월에 눈 녹듯 사라져 버리고 동정심과 큰 도량과 이해로 포옹하게 된다.

생각 하나만 바꾸었지만, 사람과 세상에 대한 우리의 자세와 태도, 느낌과 기분이 180도 정반대가 된다는 것은 정말 놀라운 사실이다.

원수도 사랑하라고 말한 예수는 정말 큰 어른이고, 신의 아들이다. 만나는 사람들과 똑같은 의식 수준이라면 늘 다투고 상처만 주고받을 것이다. 하지만 우리가 만나는 사람보다 스스로 의식 수준이 훨씬 더 높다면 그들과 다투거나 상처받지 않을 것이다. 심지어 그들이 우리의 원수가 되고, 적이 된다고 해도 말이다.

누군가가 도저히 이해하지 못할 행동을 해서 당신을 힘들게 한다면 그때는 철들지 않은 7살짜리 어린이를 생각해 보라. 그렇게 생각하면 훨씬 더 쉽게 이해할 수 있을 것이다.

살다 보면 이유도 없이 '침울한 기분에 휘둘릴 때'가 있다. 이럴 때는 과장되어 삶이 심각하고 어렵게 느껴진다. 한마디로 균형 잡힌 시각을 가지기가 무척 어렵다. 그럴 때 가장 좋은 방법은 자신의 현재 판단력에 의문을 제기하는 것이다.

즉, 자기 자신의 상태에 대해 냉정하게 판단하고, 자기 자신이 화가 나 있고, 좌절하고, 스트레스 받는다는 것을 각인하고, 이럴 때는 당연히 긍정적인 느낌보다는 부정적인 느낌이 심할 수밖에 없다는 것을 인식하고, 잠시 후면 이런 기분들이 그냥 흘러가고 말 것이라는 사실을 일깨우는 일이 필요하다. 그리고 인생을 너무 심각하게 생각하지는 않는 관점이 매우 중요하다. 이 책의 저자는 인생은 단지 하나의 실험일 뿐이라고 주장한다.

"삶을, 그리고 살면서 맞닥뜨리게 되는 도전들을 시험으로 보면, 당신은 당면한 문제들을 성장의 기회로 볼 수 있으며, 또한 유연한 태도로 충격을 완화시킬 수 있습니다. 문제와 책임, 그리고 극복하기 힘든 장애가 제아무리 당신을 집중 포격한다 해도, 그런 것들 하나하나를 그저 시험으로만 볼 수 있다면, 그 문제는 당신에게 도전 이상의 의미를 던진다는 뜻에서 성공의 기회가 됩니다."

같은 책, 102~103쪽

그렇다. 절대 삶을 너무 심각하게 받아들이지 말라. 당신이 맞닥뜨리는 수많은 문제를 단지 도전이나 기회가 아닌 생존을 위해 꼭 이겨내야 하는 심각한 전투로 보는 순간, 당신은 스스로의 어깨에 몇 톤 무게의 트럭을 올려놓고 한 발도 떼지 못하고 힘겨워하는 상태가 될 것이다.

삶을 너무 심각하게 받아들여서 실패하거나 조금만 실수해도 자신의 인생이 완전하게 박살 날 것이라고 확대해서 생각해서는 안 된다. 세계적 인사가 된 흑인 여성 중에는 어렸을 때 성폭행을 당했지만, 그 아픔을 이겨내고 위대한 삶을 산 이들이 적지 않다. 우리는 이런 일을 당하면, 그 상처와 아픔으로 인생이 파멸될 수밖에 없다고 생각한다. 그리고 모든 인생의 불행이 그것 때문이라고 말하며, 피해자로 살아간다. 하지만 그 문제를 내 인생을 파멸시킬 만한 것으로 받아들이지 않는다면, 또 다른 삶을 충분히 살 수 있고, 행복하게 만들 수도 있다.

●

문제는 그 일을 자신의 인생을 완전하게 파멸시키고도 남을 만큼 심각한 것으로 생각하느냐 하지 않느냐이다. 전자라면 당신은 절대로 그 일에서 벗어날 수 없다. 하지만 그 일을 하나의 도전으로 여기고, 새로운 기회를 부단히 만들고, 그것을 하나의 실험이라고 생각한다면, 자신도 알지 못했던 새로운 힘과 에너지가 생성됨을 느낄 것이다.

우리는 우리 자신에 대해서만 이런 식으로 생각해서는 안 된다. 타인의 행동에서도 이면을 보려고 해야 한다. 누군가가 당신을 비참하게 만들고, 이상한 짓을 했을 때, 그런 행동에 흥분하고 화내고 무너지는 사람은 다름 아닌 당신 자신일 것이다.

당신은 왜 그렇게 쉽게 무너지고 흥분하고 화내는가? 타인과 세상을 바꾸려고 해서는 안 된다. 그것은 거의 불가능하다. 가능하고, 중요한 것은, 자신의 반응을 바꾸는 일이다.

세상과 타인이 당신을 이유도 없이, 말도 되지 않게, 터무니없이 곤경에 빠뜨리고, 파멸시키려고 하고, 망하게 하려 한다면 당신은 분노하지 말고, 화내지 말고, 흔들리지 말고, 그냥 무시하거나 사고가 난 것으로 받아들여라. 이것이 어른의 삶이다. 하나의 도전이고 실험이라고 생각하고 자신의 일상에 집중하라. 그 일은 절대 비상사태가 아니며, 그렇게 된다고 해도 절대로 당신의 인생은 파멸하지 않는다.

진정한 파멸의 시작은 모두 내면에서 일어난다. 그것을 파멸로 보지 않는다면 당신은 파멸되지 않는다. 그렇다면 만약 모든 것을 잃은 사형

수가 되어 사형 선고만을 기다리는 상태라면 당신은 파멸을 인정할 것인가? 로마 최후의 비운의 철학자인 보에티우스를 생각해 보라.

그는 그런 최악의 상황에서도 최고의 철학책을 집필하였다. 즉, 성공과 실패의 기준은 세상이 아니다. 그것은 당신의 내면이다. 그러므로 자신에게 위협이 되는 일을 너무 심각하게 받아들이지 마라. 심각하게 받아들이면 정신 건강이 한없이 무너진다. 그뿐만 아니라 자신이 집중해야 하는 본업에 전심전력할 수 없다.

성공에 너무 집착하지 않고, 자기애가 너무 지나치지 않으면 자신을 위협하는 그 어떤 일도 그렇게 심각하거나 중요해지지 않는다. 그러므로 자신에게 위협이 되는 일에 대해서는 심각하게 생각하지 말고, 일상의 일에서는 겸손을 실천하라고 이 책의 저자는 조언한다.

그는 '증명해 보인다'는 생각은 매우 위험천만한 생각이라고 말한다. 자신의 성취를 자랑하려고 하고, 자신을 돋보이려고 하고, 자신의 존재 가치를 과시하려 하는 행동은 엄청난 에너지를 요구하는 일일 뿐만 아니라, 그럴수록 다른 사람들은 당신을 피하려 하는 경향이 더 심해진다는 것이다.

반면에 다른 사람에게 자신의 성취를 드러내지 않고, 다른 사람의 인정을 구하는 정도가 덜하면 덜할수록 당신은 다른 사람으로부터 더 인정받고, 드러나게 되어 있다. 아이러니하게도 세상은 그렇다.

그래서 자신을 낮추는 것은 매우 중요하다. 더 많이 성취할수록 자신을 낮추고, 자신을 내려놓아야 한다.

신이 창조한 모든 것에는 신의 지문이 묻어 있다. 그래서 아름답게 보이지 않는 사람이나 세상과 세상의 모든 일에는 잠재적인 신성이 담겨 있다. 당신을 성가시게 하고 괴롭히는 사람을 상대할 때도, 생계를 위해 하루하루 힘든 직업 전선에서 발버둥칠 때도, 우리의 임무는 신의 지문을 발견하고, 신성함을 찾는 것이다.

형편없이 보이는 사람도 신의 창조물이며, 어처구니없는 현실에 맞닥뜨려도 우리는 진정 축복받은 존재다. 설사 우리가 아름다움을 실제로 볼 수 없다고 해도 거기에 아름다움이 없는 것은 아니다. 우리가 신의 지문을 알아볼 만큼 충분히 넓은 시야를 아직 갖추지 못했다는 점을 먼저 깨달을 필요가 있다. 그 후에 하나씩 신의 지문이 보이고, 세상이 아름다움과 신성함으로 가득 찬 곳이라는 점이 분명하게 보일 것이다.

그뿐만 아니라 우리는 누군가를 비판하려는 충동에 쉽게 빠지기도 한다. 그런데 이것은 하나의 나쁜 습관이다. 그래서 그런 습관적인 충동에 저항하고, 그래도 그런 충동이 시들지 않으면 자신에게 멈추라고 경고하고 꾸짖고 자신의 마음을 다잡을 줄 알아야 한다.

이 책의 저자는 또 이런 이야기도 조언한다. '자신에게 오는 비난을 장난삼아 그대로 받아들여 보라'고 말이다. 이렇게 하면 그 비난은 금방 흘러가고 말 것이다.

우리는 정말 가벼운 비난, 아무것도 아닌 비난에도 쉽게 경직되고 흔들리고 무너진다. 그런데 그건 우리가 아주 사소한 비난조차도 인생의 비상사태로 여기고, 전투에 임하는 사람처럼 자신을 방어하려 하기 때문에 일어난다. 우리는 인생을 너무 심각하게 받아들인다. 길을 가다가도, 사람을 만나 이야기하다가도, 어떤 모임에서도, 실수할 수 있고, 비난받을 수 있다. 그때 우리가 그것을 너무 심각하게, 비상사태로 받아들이면 더 쉽게 무너지고 나중에는 더 방어하게 된다. 그 결과 더 나쁜 결과를 초래한다.

하지만 실수와 비난들을 그저 하나의 도전이며 실험이라고 생각하고, 솔직하게 인정하고 사과하고, 자신을 내려놓고 방어하지 않으면, 오히려 그 실수와 비난은 상대방의 마음속에서 쉽게 사라진다.

화가 날 때 이 책의 저자가 제시하는 화를 내지 않게 도와주는 기술은 '열까지 세어 보는 것'이다. 정말 우리가 이 간단한 방법만이라도 실천할 수 있다면, 성급하게 화를 내어 인간관계가 더 꼬이거나 더 틀어지거나 혹은 일이 걷잡을 수 없이 커지는 일은 최소한 만들지 않을 수 있다.

명심하자. 우리는 언젠가 죽는다. 우리는 천년만년 살 수 없다. 오늘이 생의 마지막 날이 절대 아니라고 누가 장담할 수 있겠는가? 그러므로 너무 삶을 심각하게 받아들이지 말고, 지금 당신이 고민하고 걱정하는 그 모든 것들을 사소한 것으로 생각하고 오늘 하루를 최고의 날로 즐기고, 사랑하고, 누리면서 살아보자.

book 19

【사람은 무엇으로 성장하는가】

- 존 맥스웰

"돈을 많이 벌었다는 것이, 명예를 높이 쌓았다는 것이, 공부를 많이 했다는 것이 인생에서의 승리를 의미하지는 않는다.

중요한 것은 내 안의 가능성과 잠재력으로 인생이라는 경기에 성실히 임했다는 자부심이다. 아직 원하는 곳에 도달하지 못했더라도, 아직 되고자 하는 사람이 되지 못했더라도 계속 걸어가는 법만은 잊지 말아라.

아직 그대 안에 꽃피지 못한 가능성이 남아 있다. 천천히, 그대 안의 가능성을 펼쳐라."

존 맥스웰, [사람은 무엇으로 성장하는가], 11~14쪽

◆

　사람은 무엇으로 성장하고 발전하는가? 이것이 궁금하다면 이 책을 꼭 읽어보기 바란다.

　이 책은 우리가 실패를 두려워하지 않고, 자신 안에 잠든 거인을 깨우는 방법과 그로 인해 도전하고 멈추지 않는 강한 자신을 만들어 내는 방법을 알려 주는 책이다.

　세계 최고의 리더십 전문가이자 베스트셀러 작가이기도 한 책의 저자는 30년 동안 500만 명의 리더의 삶을 바꾼 기적의 성장 프로젝트를 수행한 적이 있다.

　그 과정을 통해 그는 말한다. 계속 성장하고 또 성장하라고. 실패하고 시련을 겪는 것이 절대 부끄러운 것은 아니다. 실수할 수도, 실패할 수도 있다. 하지만 진짜 부끄러운 것은 대충대충 시간을 보내면서, 자신의 가능성을 무참히 짓밟고 자신의 가능성을 조금도 펼쳐 내지 못하는 것이다. 인생의 참된 가치는 우리의 존재와 인생을 좀 더 눈부시게 만들고, 성장시키는 것이다. 그리고 그렇게 하는 데 필요한 15가지 법칙을 이 책의 저자는 전해 준다. 어제의 나를 잊고 새로운 내일을 찾아가는

15가지 성장 법칙은 우리를 좀 더 강하게 만들고, 성장시킨다.

  그가 제시하는 첫 번째 법칙은 '의도성의 법칙'이다.

  한마디로 우리는 우리의 인생을 좀 더 멋지게 만들 의무가 있다. 우리는 우리 스스로가 믿고 의도하는 대로 되는 존재이기 때문이다. 나이는 저절로 먹는 것이다. 하지만 성장은 절대 저절로 할 수 없다. 남들은 두세 배 성장하는데, 자신은 한 배만 성장한다면 그것은 성장이 아닌 퇴보이다.

  성장하기 위해서는 위험을 감수해야 하고, 노력을 멈추지 말아야 하고, 내일로 미루어서는 안 된다. 지금 당장 시작해야 한다. 우리의 성장을 가로막는 장벽들을 물리치고, 눈부신 인생을 만들겠다고 결단하고, 지금 당장 시작해야 한다. 실수에 대한 두려움, 완벽한 시기에 대한 헛된 기다림, 타인과의 비교 등의 장벽들을 조심하라고 이 책의 저자는 말한다.

  또, 두 번째는 좋아하는 것보다는 잘하는 것을 찾아야 한다. 그래야 행복해질 수 있다.

  이러한 '인지의 법칙'은 자신이 살아 본 적 없는 삶에 관해 탐구하라고 조언해 준다. 자신이 하고 싶은 일과 잘하는 일이 반드시 일치하는 것은 아니다. 그런데도 보상만을 바라고 자기가 하고 싶은 일도 아니고, 잘하는 일도 아니면서 하려 하는 것은 위험천만한 선택이다. 자신에게 없는 재능을 드러내 보이기 위해 인생을 허비해서는 안 된다. 그런 분야에서는 절대 성공할 수 없기 때문이다. 자신이 잘하면서 하고 싶은 일을 할 때 수많은 상승효과를 기대할 수 있고, 삶의 질도 높아진다. 이 점을 절대 간과해서는 안 된다.

세 번째는 자신의 가치를 들여다보는 사람은 절대 무너지지 않는다는 '거울의 법칙'이다. 스스로에게 강력한 신념을 가진 사람은 절대 무너지지 않는다. 그뿐만 아니라 자존감이 부족한 사람은 자신의 잠재력을 제대로 향상시킬 수 없다.

그래서 자존감은 내면의 거인을 깨우는 데 매우 중요한 요소이다. 꼭 기억해야 할 사항은 우리가 우리를 평가하고 인정하는 가치만큼만 타인과 세상도 우리를 인정하고 평가해 준다는 것이다. 자기 자신에 대한 기대감과 신뢰감, 즉 자존감은 그 어떤 것보다도 더 가치 있고 중요한 것이다. 자신감과 할 수 있다는 신념은 막강한 위력을 발휘한다. 하지만 우리는 자라면서 '넌 할 수 없어'라는 말을 평균 15만 번 듣고, '넌 할 수 있어'라는 말을 5,000번밖에 듣지 못한다.

즉, 긍정과 부정의 비율이 무려 1대 30이다. 그래서 모두 자신의 가능성을 믿는 것이 그렇게도 힘든 것이다. 자신을 믿기보다는 자신의 능력을 의심하고 믿지 못하는 경우가 많다.

인생을 바꾸고 싶다면 무엇보다 자신에 대한 생각과 관점을 바꾸어야 한다. 자신에 대한 관점이 긍정적이지 않다면, 자신의 내면에 있는 잠든 거인을 깨우기란 사실상 불가능하다.

네 번째 법칙은 잠시 멈춰서 되돌아보는 시간을 갖는 '되돌아보기의 법칙'이다.

의도적으로 잠시 멈추면, 더 깊고 넓게 자신의 삶을 탐구할 수 있고, 숙성시킬 수 있다. 우리가 바쁘게만 살고 잠시 멈추어 되돌아보는 시간을 자주 가지지 않으면, 경험은 지혜로 발전되지 않는다.

경험은 그런 점에서 우리의 스승이기도 하다. 물론 잠깐 멈춰서 자신의 삶을 되돌아보는 사람에게만 작용하는 점이기는 하지만 말이다. 그래서 우리가 좋은 스승을 만나기 위해서는 자기 자신에게 잠깐 멈춰 되돌아볼 시간과 장소를 제공해 주어야 하고, 허락해 주어야 한다. 너무 바쁘게 삶에 쫓겨서 사는 사람이라면 잠시 멈춰서 자신을 성찰하는 시간을 가져 보는 것이 매우 좋다.

다섯 번째는 성공하는 사람들의 공통점인 1만 시간의 성실함인 '끈기의 법칙'이다. 탁월함을 이루는 유일한 한 가지 지표는 끈기이다. 끈기는 위대함을 드러나게 하는 시금석과 같다.

끈기가 없는 사람 중에 위대함을 이룬 사람은 단 한 명도 없다. 성공하는 사람에게는 회피하고 싶은 일도 멈추지 않고 해 나가는 끈기가 있다. 그리고 성공하는 사람들은 일을 해 나가는 과정을 결과보다 더 소중하게 여기는 경향이 있다. 이러한 자세가 성공하고자 하는 사람들에게 꼭 필요한 이유는 성장의 여정은 길고 힘든 과정이기 때문이다.

위대한 작곡가들을 생각해 보라. 그들은 모두 영감을 받고 나서 작곡을 시작하지 않았다. 매일 작곡이라는 노력을 해서 생각지도 못한 영감을 받은 것이다.

여섯 번째는 '환경의 법칙'이다. 성공과 실패를 좌우하는 것은 우리의 선택이다. 하지만 우리의 선택은 결국 우리가 어떤 사람을 만나고 어떤 직장에 다니고 어떤 일상을 보낼 것인가 등 삶의 모든 것을 좌우한다.

결국, 우리의 선택이 우리의 삶의 환경을 만드는 것이다. 그러므로 우리는 우리 자신을 좋은 사람들, 좋은 환경, 좋은 분위기 속에 놓아두는 선택을 해야 한다. 어떤 친구가 우리에게 용기를 북돋우어 주는지, 어떤 생각이 우리에게 힘을 주고 자극을 주는지, 어떤 활동이 자신을 변화시키는지를 알아야 한다.

근묵자흑近墨者黑, 근주자적近朱者赤은 이러한 환경의 중요성에 대한 고사성어다. 먹을 가까이하면 검어지고, 붉은빛을 가까이하면 붉어진다는 이 말들의 의미처럼 우리는 환경의 영향을 받는다. 하지만 그 환경을 우리가 스스로 조금씩 개선하고 선택할 수 있음도 알아야 한다.

환경 중에서도 가장 중요한 환경은 함께 어울리는 사람들, 만나는 사람들이다. 특히 우리가 습관적으로 어울리는 사람들을 '준거집단'이라고 부르는데, 그들이 우리 인생의 95%를 좌지우지한다고 한다.

좀 더 쉽게 말하자면, 여러분들이 습관적으로 어울리는 사람들의 평균 사회적 지위와 수입이 당신의 5년 후 지위와 수입이 된다. 그러므로 누구를 만나고, 어떤 책을 읽고, 어떤 행동을 할 것인가를 아무렇게나 되는 대로 생각하고 선택하지 말고, 훌륭한 사람을 자주 만나고, 좋고 많은 책을 읽고, 어떻게 하루하루를 보낼 것인가를 자주 생각하는 것이 중요하다.

일곱 번째는 '계획의 법칙'이다. 평범한 사람이라도 계획을 세우고, 체계가 있으면, 비범한 성과를 낸다. 반대로 체계가 없으면, 제아무리 비범한 사람도 평범한 성과조차도 내기 어렵다.

자신을 성장시키기 위해서는 어느 정도 체계와 계획이 필요하다. 체계와 계획을 세우는 사람은 시간을 허투루 낭비하지 않는다. 그리고 계획은 어느 정도 우리가 일관성을 유지하는 데 도움을 준다.

여덟 번째는 '고통의 법칙'이다. 우리가 겪는 모든 문제는 우리 자신을 그대로 드러내 보여 주는 현상에 불과하다. 우리는 실패와 시련, 실수를 통해 더 많은 것을 배울 수 있다. 그리고 고통스러운 경험에 어떻게 대처하느냐에 따라 우리의 인생은 크게 달라질 수 있다.

명심하자. 늘 하던 대로 하면 늘 얻던 결과만을 얻는다. 새로운 인생을 살고 싶다면 새로운 길을 걸어야 한다. 살다 보면 실수할 때도 있고, 시행착오를 거듭할 때도 있다. 하지만 이러한 시행착오와 실수를 통해 큰 교훈을 얻어서 다음번에 더 크고 좋은 변화를 만들어 낼 수도 있다.

그러기 위해서는 고통이나 실패를 두려워하지 말아야 한다. 아픈 만큼 성장하고 성숙하는 법이다. 나쁜 경험을 절대 과소평가하거나 부정적으로만 생각해서는 안 되는 이유가 바로 이것이다. 나쁜 경험을 통해 우리는 더 크게 성장하고, 더 훌륭한 사람이 될 수 있다.

이 책의 저자는 최고의 리더십 전문가답게 우리가 우리 자신을 성장시키기 위해서는 무엇이 필요한지를 잘 알고 있다. 이 책에는 이런 식으로 총 열다섯 가지의 법칙들이 소개된다.

이 중에서도 가장 중요한 법칙을 한 가지 선택하면 '내려놓음의 법칙'이다. 성공하는 사람들은 내려놓기를 잘하는 반면, 성공하지 못하는 사람들은 내려놓기를 못 한다.

세상은 정확하다. 많은 것을 포기하는 사람이 많은 것을 이룰 수 있고, 적은 것을 포기한 사람은 적은 것밖에는 이루지 못한다. 즉, 기존에 자신이 처한 환경과 조건들을 쉽게 포기할 줄 아는 사람이 더 많은 것을 성취해 낼 수 있다.

도전의식이 강한 사람들은 호기심이 강하다. 새로운 것을 하기 위해 어떤 실패나 어려움도 마다하지 않는다. 이 책의 저자가 이야기하는 열두 번째 법칙이 바로 '호기심의 법칙'인 이유다.

이 세상의 승자가 되는 사람들의 공통점 중에 하나가 호기심이다. 호기심이 많은 사람은 배움의 속도가 빠르고, 실패나 실수를 통해서도 남들이 배우지 못하는 점을 배운다. 호기심이 많은 사람은 날마다 새로운 것을 배우고, 자기 자신의 성장과 성공을 방해하는 작은 틀을 거부한다. 그들은 정해진 규칙을 싫어하고, 기존의 것을 혐오한다. 그래서 날마다 새로운 것을 찾아내기 위해 모든 노력을 다 기울인다.

이 책의 저자는 마지막으로 우리에게 세 가지를 당부한다.

첫째, 그날의 일과를 꼭 되돌아보라는 것이다. 하루 5분만 투자하면 된다.

둘째, 다음날의 계획을 세우라는 것이다. 여기에는 하루 10분을 투자하면 된다.

셋째, 하루 15분을 투자하여, 마음속의 꿈을 재확인하라고 말한다.

인생에서 속도는 중요하지 않다. 꾸준하게 계속 가는 것이 매우 중요하다. 이 책은 무엇보다 현재의 나에 만족하지 않고, 성공을 향해 꾸준히 나아가라고 말한다. 조급해하지 말고, 천천히 하나씩, 자신을 성장시켜 나가면 된다.

책은 독서,
그 이상을 가능하게 해주는 기적

우리의 선조들은 독서의 위대함을 잘 아는 위대한 사람들이었다.

'착슬독서着膝讀書'라는 말이 있다. 모름지기 독서를 할 때는 무릎을 딱 붙이고 책을 읽어야 한다는 말이다. 이렇게까지 독서를 강조한 이유는 무엇일까?

바로 독서의 위대함을 잘 알았기 때문이다. 독서하지 않고 큰일을 바라는 것은 나무에서 물고기를 잡고자 하는 것과 다른 바 없다.

필자에게도 독서는 단순히 지식과 정보 확장의 의미가 아니었다. 그 이상이었다. 말로 표현할 수 없을 정도의 위대함 그 자체였고, 환희, 기쁨, 즐거움, 쾌락이었다.

필자는 '도서관에서 기적을 만난 남자'라는 별명으로 더 유명한 작가다. 평범한 중년 남자였다. 평범한 공대 출신의 휴대폰 하드웨어 연구

196

원에 불과했던, 그리고 총명함이 사라진 지 오래된 나이 40이 다 된 중년의 나이에 책에 빠져들기 시작했다.

한국 사람들은 너무 바쁘고, 세계에서 가장 많이 일하는 국민이다. 필자도 삼성전자를 11년 동안 다니면서 하루 열 시간 이상 일하며 살았다. 그러다 그런 삶에 염증을 느끼기 시작했다.

아무리 좋은 대기업이고, 아무리 높은 연봉을 준다고 해도 마음이 이미 떠났기 때문에 하루도 더는 출근할 수가 없었다. 그래서 하루아침에 회사를 포기하고, 거액의 연봉을 마다하고, 자발적인 백수가 되어, 평생 책만 읽는 사람이 되기 위해 도서관에 출퇴근하기 시작했다. 3년 동안 도서관에 매일 가서 책만 읽고, 하루 열 시간 이상 칩거하다시피 한 사람이 바로 필자였다.

그렇게 3년, 1,000일이라는 시간이 지나자 놀라운 기적이 일어났다. 꿈에도 상상하지 못했던 책 쓰기를 할 줄 아는 사람이 되었고, 그 덕분에 필자가 쓴 책들이 2012년, 2013년, 2014년 국립중앙도서관 대출 TOP 10에 3년 연속으로 올랐다. 10년 동안 100권에 가까운 책을 출간했다. 그리고 매년 베스트셀러 도서가 탄생했다. 2017년에는 자기계발 1위, 종합 5위를 한 달 이상 차지하는 초베스트셀러 도서인 [퀀텀 독서법]도 나왔다. 그저 감사할 따름이다.

다작가로서, 베스트셀러 작가로서 성공하고, 그뿐만 아니라 8년 동안 500명에게 필자의 노하우를 고스란히 전하는 '책 쓰기 학교 교장'이 되었고, 5,000명에게 독서법을 직접 가르친 '국민 독서법 멘토'가 되었다. 이 모든 것이 책을 읽었기 때문이다. 그것도 좋은 책을 많이 읽었기 때문이다.

매일 밥을 먹어야만 살 수 있는 것처럼, 우리에게 독서는 매우 필수적인 요소이다. 물론 책을 안 읽어도 잘만 사는 사람들이 없지는 않다. 하지만 그것은 교만이고 자만이다. 그런 사람들의 생명력과 성공기간은 길지 않다. 갈수록 힘들어지고 갈수록 퇴보한다.

하지만 책을 늘 가까이 두고 열심히 읽는 사람들은 지금 당장 눈에 보이는 큰 차이는 없을 수 있지만 갈수록 현명해지고 강해지고 성장할 것이다.

그러니 필자를 믿고 책 읽는 일에 전념해 보라. 밥은 한두 끼 굶어도 좋지만, 책 읽기는 하루이틀 건너뛰면 안 된다. 책은 독서 그 이상이다. 오늘 책을 읽었다고 내일 당장 달라지는 것은 없다. 하지만 오늘 책을 읽지 않으면, 내일도 읽지 않고, 결국 평생 책과 멀어진다.

독서는 축적이다. 하루하루 책을 읽는 사람과 그렇지 않은 사람은 3년 후, 5년 후, 10년 후가 판이하다. 그러므로 책을 가까이하는 사람이 되어야 한다. 누군가는 다독이 불필요하다고 말한다. 하지만 수백 권, 수천 권을 읽은 사람이 수십 권 밖에 읽지 못한 사람보다 사고력이 훨씬 더 유연하고 창조적이다.

수백, 수천 권의 책도 읽지 못한 사람은 책을 읽는 방법과 기술이 너무 초보라서 책을 제대로 즐길 수도, 책을 제대로 효과적으로 도움이 되게 읽을 수도 없다. 그래서 독서의 기술을 제대로 배우고 연습하고 훈련해야 한다. 독서법을 제대로 배우고 연습하고 훈련할 수 있는 독서법 수업에 참여하면, 3주 만에 독서력이 급상승될 수 있다. 좋은 독서법 수업이 있다고 소문난 곳이 있다. 미국에서도 건너와서 배울 정도로 이미 검증된, 미국에까지 소문이 난 독서법 수업이 '김병완 칼리지 독서법 수업'이다. 관심이 있다면 언제든 환영한다.

스키를 제대로 즐기고 효과적으로 타기 위해서는 중급 혹은 상급 정도까지는 실력을 높여야 하듯, 스키를 처음 배우는 사람은 스키를 타는 것이 아니라 다만 넘어지지 않기 위해 힘들고 어려운 적응 과정을 이겨내야 한다. 독서 역시 이런 과정이 필요하다. 하지만 많은 한국 사람이 스키 초보보다 더 초보적으로 책에 접근하기에 결국 독서다운 독서를 하지 못하고, 오직 읽기만 하는 바보가 되고, 그 결과 평생 읽지도 않는 사람이 된다.

무엇을 하든 처음에는 서툴고 힘들다. 하지만 포기하지 않고, 그 과정을 지나 숙달하고, 중급이 되면, 그다음부터는 제대로 효과를 누린다. 필요하다면 필자의 독서법 책을 많이 읽어 보기 바란다. 하지만 [퀀텀 독서법]을 독학으로 읽고 훈련하는 것과 실제 창안자에게 와서 직접 배우는 사이에는 어마어마한 격차가 있다. 바로 이런 이유에서 수많은 사람이 제주도를 포함한 전국에서 필자의 독서법 수업에 참여한다.

　독서를 통해 기적을 만나고 싶다면, 독서를 통해 인생을 변화시키고 싶다면 먼저 책 읽는 법을 전문가에게 가서 배우거나, 진짜 전문가의 책을 읽어 봐야 한다. 아무 노력도 하지 않고 저절로 되는 것은 이 세상에 없다.

　씨앗을 심어야 가을에 추수할 수 있다. 세상에 공짜는 없다. 책을 읽는다는 것은 씨앗을 심는 일과 다름없다. 제대로 많이 심을수록 눈부신 미래가 펼쳐진다.

나를 자라게 하는
인생
책19

초판 인쇄 2020년 10월 26일
초판 발행 2020년 10월 30일

지은이 김병완
발행인 (주)플랫폼연구소 │ **출판등록** 제 2020-000075 호

전화 010-3920-6036 / 02-556-6036 │ **팩스** 050-4227-6427
이메일 pflab2020@naver.com

주소 서울특별시 강남구 역삼로 220 홍성빌딩 1층

ISBN 979-11-970672-8-0 (03000)